Visel

ANALYSEN UND REFLEXIONEN
Band 18

W0065658

Reiner Poppe

Georg Büchner

Dantons Tod
Lenz
Woyzeck

**Perspektiven, Interpretationen und
unterrichtliche Erschließungshilfen**

Joachim Beyer Verlag — 8607 Hollfeld/Ofr.

5. verbesserte Auflage 1991

ISBN 3-88805-132-0
Druck: Beyer-Druck, Langgasse 23, Hollfeld

Inhaltsverzeichnis

„Was ist das, was in uns lügt, mordet stiehlt?"
(Georg Büchner in einem Brief an seine Braut, 1833)

Vorbemerkung

GEORG BÜCHNER fasziniert als Mensch und Dichter immer wieder. Es ist daher keineswegs überraschend, daß Schüler relativ problemlos an seine Lebensgeschichte und an sein literarisches Werk herangeführt werden können. -

Unsere Neuauflage richtet sich in erster Linie an Schüler und Unterrichtende (ab Klasse 10). Sie will zu intensivem Fragen anregen, Fragen nach dem Zusammenwirken von Zeit, Geschichte und Literatur, Fragen aber auch anstoßen nach denjenigen, die Literatur schreiben und geschrieben haben. Bei BÜCHNER kommen interessante Persönlichkeits- und Werkmerkmale zusammen, die zu einer Vielzahl von Untersuchungsaspekten führen können (vgl. Kapitel 4.3.4). -

Gegenüber der älteren Fassung dieses Bandes haben wir diesen neuen Band in der Sache konzentriert und aktualisiert. Dabei sind wir im wesentlichen von zwei Überlegungen ausgegangen:

- solche Informationen weiterzugeben, die neugierig machen auf das Lesen und Nachlesen in der angegebenen Literatur;
- die Zielgruppe (Schüler) nicht zu überfordern durch eine wissenschaftliche „Überfrachtung", so angebracht eine vertiefte Auseinandersetzung mit einzelnen der angesprochenen Probleme auch ist.

Daraus erfolgte, daß die TEXTE ausführlich besprochen werden, weiterhin darauf vertraut wird, daß der Leser die von uns aufgenommenen Fäden weiterspinnt. Wir denken, daß die Fülle hervorragender Literatur zu BÜCHNERS LEBEN UND WERK dazu alles bereitstellt. Unser in seinem Anspruch eher bescheidene Versuch will keine Lücke schließen, die es hier und da noch geben mag **(vgl. G.P. Knapp).** Vielmehr möchten wir zu vorhandenen Hilfestellungen, mit denen der unkundige Leser sich BÜCHNER nähern kann, eine weitere hinzufügen; zugleich demjenigen, der den Autor kennt, mit Hilfe der Litera-

5

tur und Anregungen, die der Band vermittelt, eine kompakte Übersicht geben. Würde der Band vom Leser so angenommen, hätte er sein Ziel erreicht.

Im übrigen weiß ich mich allen Autoren verpflichtet, die uns durch ihre Forschungsbeiträge GEORG BÜCHNER nähergebracht haben, nicht weniger jenen, die auf unwissenschaftliche Weise zur Verbreitung seines Namens hingewirkt haben (vgl. Kapitel 5).

Dem jüngeren Leser sei noch einmal ans Herz gelegt, sich zuerst und intensiv den Primärtexten GEORG BÜCHNERS zuzuwenden. Vermittelnde Literatur - mit diesem Anspruch geht der Verfasser auf den Leser zu - kann immer nur „ergänzen", Sichtweisen bestätigen, aufbauen. Wenn der Leser mit seinem Verständnis zunächst einmal „quer" dazusteht, bedeutet dies noch nicht, daß er im Irrtum sei. Es gibt viele Lesarten von Texten. Wir sind in diesem Falle jedoch sicher, daß die Literatur Einschätzungen des Lesers eher bestätigt.

In diesem Sinne möchten wir auch keine „Wertungen" hinsichtlich der zitierten Literatur vornehmen, sondern Freude und Erfolg wünschen am doppelten Leseabenteuer GEORG BÜCHNER.

R.P.

1. Georg Büchner: Lebensdaten

1813 Am 17. Oktober wird Georg Büchner in Goddelau/Darmstadt geboren. Die Familie, der Vater ist Arzt, lebt kultiviert und materiell gesichert. –

1825 Georg Büchner tritt in das Darmstädter Gymnasium ein (Wohnwechsel der Familie aufgrund einer dienstlichen Versetzung des Vaters im Jahre 1816). –

1830 **,Rede über Cato'** – gehalten auf einer Schulfeier. –

1831 Matura und Immatrikulation an der Straßburger Universität zum Wintersemester. –

1832 Aktive politische Tätigkeit in Deutschland – Rede vor Studenten. –

1833 Verlobung mit Minna Jaegle –
Aufnahme des Studiums in Gießen –
Schwere Erkrankung (Hirnhautentzündung) –

1934 Jahr der politischen Aktionen mit Wirkung in der Öffentlichkeit:
Bekanntschaft mit Rektor Weidig –
Gründung der ,Gesellschaft für Menschenrechte' in Gießen und Darmstadt –
Publikation des **,Hessischen Landboten'** zusammen mit Weidig –
Verhaftung von Freunden, Verfolgung –

1835 Verhöre, drohende eigene Verhaftung –
Vorarbeiten zu **,Dantons Tod'** – ,Flucht nach Straßburg', Übersetzungen zum Erwerb des Lebensunterhaltes (Victor Hugos, ,Lucretia Borgia' und ,Maria Tudor') – nach der Flucht –
Beendigung des **,Dantons'** in Straßburg –
Arbeit am **,Lenz'** –
Intensive naturwissenschaftliche Studien –

1836 Vorlesungszyklus über das ,Nevensystem der Fische' vor der Straßburger Gesellschaft für Naturwissenschaften' –

Niederschrift von **‚Leonce and Lena'** anläßlich eines Preisausschreibens, wahrscheinlich auch des verschollenen Dramas **‚Aretino'** –

Promotion mit einer Arbeit über das ‚Nervensystem der Fische' –

Übersiedlung nach Zürich, Dozentur an der dortigen Universität –

Arbeit am **‚Woyzeck'** –

1837 Tod Büchners am 19. Februar nach kurzer Krankheit

1895 Erste Aufführung von **‚Leonce und Lena'** in München –

1902 Erste Aufführung von **‚Dantons Tod'** in Berlin –

1913 Erste Aufführung von **‚Woyzeck'** in München –

2. Phantasie und Verantwortung

In einer Diskussion im Anschluß an die Aufführung seines Theaterstückes „Rede des Georg Büchner vor der Darmstädter Akademie für Sprache und Dichtung anläßlich seiner Ablehnung als Büchner-Preisträger" - so der umfangreiche Titel - formuliert der Autor Gerd Zwerenz sehr pointiert ins Publikum hinein: „Georg Büchner, das wollen wir doch einmal klar sagen, litte, wenn er heute lebte, unter Berufsverbot, er könnte nichts verdienen, seine Stücke würden von den Staatstheatern nicht gespielt, ja, er könnte nicht einmal Lehrer werden." [1] Büchner ein Radikaler, auf den der zutreffende Erlaß anzuwenden wäre?

Dieses Zitat Zwerenz' stimmt nachdenklich, was den innerdeutschen Kulturbetrieb unserer Tage angeht: als provokante These deutet es an, wo Büchners gesellschaftlicher Standort heute zu suchen wäre.

Aus heutiger Sicht stellt sich die Überlegung nach dem Standort eines Schriftstellers unter zwei Fragen. Einer grundsätzlichen: „Welche Rolle spielt der Schriftsteller in der heutigen Gesellschaft?" Einer speziellen: „Welche Bedeutung kommt seinem politischen Engagement zu?" Probleme des Schaffens und der Werkästhetik scheinen von sekundärer Bedeutung zu sein. [2]

In der Tat verstehen sich unsere kritischen Autoren - stellvertretend sind hier zu nennen Grass, Böll, Enzensberger, Frisch, Lenz, Koeppen - als Wortführer, Nöte, Krisen- und Mangelsituationen, die Konflikte einer Epoche „aufzudecken und künstlerisch darzustellen. [3] Es geht dabei nicht primär um ideologische Manifestationen, vielmehr übernehmen sie die „Rolle des advocatus diaboli, des Neinsagers, des Kritikers, des Moralisten." [4]

---

1) Kölner Stadtanzeiger Nr. 32/12 vom 9. Februar 1976 - In den folgenden Fußnoten verlege ich mich weitgehend auf Kurzverweise und bitte, den entsprechenden Titel im Literaturverzeichnis aufzusuchen , wo er ausführlich angegeben ist.

2) H. Wysling, S. 5

3) H. J. Skorna, S. 11

4) H. Wysling, S. 30

Diese Rolle weist sich Büchner selbst in einem Brief an die Eltern aus dem Jahre 1833 zu (. . .)

Mit Mund und Hand kämpfen, das heißt Stellung beziehen, sich einsetzen, sich aussetzen. Wo immer ein Autor ernsthaft die Frage nach dem Menschen und den Bedingungen seines Seins stellt, richtet er den Blick auf die Zeit. Nicht, indem er Patentlösungen vorgibt oder Losungen verstreut, sondern indem er sich die Aufgabe setzt, „die Dinge wahrzunehmen, die Zusammenhänge zu prüfen, neue Horizonte und Aspekte zu erschließen." [5]

Dazu gehören, ‚Phantasie' und ‚Verantwortung', unabdingbare Grundforderungen an den, der verändern will.

Phantasie und Verantwortung: Wallraff definiert die Begriffe neu und weist ihren Trägern für heute konkrete Bezugspunkte auf: „Verantwortung ist für uns: die nüchterne Einsicht in die Notwendigkeit gesellschaftlich nützlichen Handelns ... Wer, der nicht, angesichts der schreienden gesellschaftlichen Mißstände, in denen er lebt, seine Mißbilligung zu Protokoll geben würde, nicht versuchen würde, angesichts von Unordnung, Willkür und Machtmißbrauch alle Möglichkeiten zu nutzen, sie zu beseitigen - beschreibend an ihrer Veränderung teilzunehmen. [6]

Verantwortung als konkrete Maßnahme zur Beseitigung der Mißstände unserer Gesellschaft verstanden, Phantasie als innovativer Grundzug für das Ersinnen tragfähiger Ausdrucksmittel im Klassenkampf:

„Produktive Phantasie entwickeln, bedeutet, sich in die Lage von anderen versetzen können, aus sich herausgehen, teilhaben und teilnehmen an den Problemen der meisten Leute, um über andere auch sich selbst zu finden. Entwickeln wir die Fähigkeit und Phantsie, aus den trockenen Zahlen der Statistik sinnlich faßbare und nachvollziehbare Beschwerden und Anklageschriften zu formulieren. Der sich verändernden Wirklichkeit müssen wir mit neuen Darstellungsarten beizukommen versuchen." [7]

5) H. Wysling, S. 50
6) G. Wallraff in: H. Bingel, S. 25
7) G. Wallraff in: H. Bingel, S. 25

Das könnte auch dem Büchner des ‚Hessischen Landboten'
aus der Seele gesprochen sein. Der reifende Büchner geht jedoch über die Provokation, über die konkrete Agitation, über
die Teilhabe an der Bereinigung akuter Mängelsituationen hinaus. Er wird zum Dichter mit gültigem Wertmaßstab in dem Augenblick, als er mit der Phantasiekraft seines dichterischen
Wortes Verantwortung für den Menschen übernimmt ohne
klassenkämpferisches Pathos.

Es scheint eine natürliche Aufgabe des Schriftstellers zu sein,
dem es ernst ist mit dem Menschen, sich politischen Fragen
zuzuwenden. Die enge Beziehung von ‚Politik' und ‚Dichtung'
ist nicht erst in unserem Jahrhundert geboren, und auch Büchner war lediglich ein Neuerer. In der heutigen Literatur sind politischen Themen, spätestens seit Brecht, allerdings zu einem
„Brennpunkt des Engagements" geworden. [8]

Richtungsweisend formulierte Sartre für unsere Zeit seine
Überzeugung zur ‚litérature engagée: „Der Schriftsteller hat
gewählt, die Welt zu enthüllen, insbesondere den Menschen
den anderen Menschen, damit sie angesichts des so entblöß-
ten Objekts ihre ganze Verantwortung auf sich nehmen."[9] (J.
P. Sartre, Was ist Literatur, S. 18) Ähnlich drückt es S. Lenz aus
in seiner Rede ‚Der Künstler als Mitwisser': „Ein Schriftsteller
ist ein Mensch, den niemand zwingt, das zu sein, was er ist. Er
entschließt sich vielmehr freiwillig dazu, die Welt zu entblößen,
und zwar so, daß niemand sich in ihr unschuldig nennen
kann."[10] (S. Lenz, Beziehungen, S. 203) Hier kommen wir
Büchner am nächsten.

---

[8] H. J. Skorna, S. 11
[9] J. P. Sartre, S. 18
[10] S. Lenz, S. 203

3. Akzente der Forschung

Was Georg Büchner, im Gegensatz zu manch lebendem Autor, zu eigenen Lebzeiten nicht sein konnte, ist er heute: beinahe ein Mythos.

Soviel ist gewiß: Sein schmales Werk - einige dichterische Produkte aus der Jugendzeit, drei bedeutende Dramen, eine meisterhafte Erzählung - erhebt ihn zum ‚Klassiker'. Sein Werk ist verbrieftes Bildungsgut. Es ist geortet, eingeordnet, auf einige Nenner gebracht, genial, unvollendet - darum geheimnisvoll. Büchner teilt die Tatsache eines späten Ruhmes mit vielen anderen Schriftstellern. Dabei tat sich die Büchner-Forschung überaus schwer. Bis zur Mitte unseres Jahrhunderts bleibt das Büchner-Bild dann auch ziemlich diffus: Büchner, der ‚Pessimist', der ‚Fatalist', der ‚Determinist', der ‚Nihilist', der ‚Revolutionör', der ‚Verkünder christlicher Dogmen', der ‚Romantiker', der ‚Expressionist', der ‚Shakespeare unserer Nation', aber auch der ‚Vorkämpfer des Kommunismus und des Faschismus.' Eine schwierige Textlage machte widerspruchsfreie Deutungen beinahe unmöglich. Das ist heute ausgeräumt. Drei zentrale Aspekte lassen sich an Büchners Leben und Werk verfolgen:

1. **Die Bedeutung des Leidens in der menschlichen Existenz -**
2. **Die Bedeutung des sozialen Kontextes für den Menschen -**
3. **Das Problem der Identität des Menschen.**

Verstehen wir mit dem Eingangszitat Büchner als einen Fragenden, der uns kein gleichzeitiges Angebot plausibler Lösungen bereithält, so hat auch in diesem Punkte unsere Reflexion ohne Vorbelastung einzusetzen: Büchner fordert uns zu einer Fragehaltung heraus, er führt uns auf die Spur zu uns selbst, er markiert Gedankenpositionen. Es ist die Verpflichtung des Lesers, von hier aus in eine Kommunikation mit Werk und Autor zu treten.

Dieser Beitrag will und kann darum auch lediglich einige

Schwerpunkte für die eigenständige Analyse und Reflexion setzen.

In der Rezeption der Lebensfakten und des Werkes von Georg Büchner sind zwei miteinander korrespondierende Entwicklungen zu verfolgen. Es ist zum einen die Aufnahme und die Auseinandersetzung aufseiten der Literaten, der Regisseure, der Künstler im weitesten Sinne - zum anderen die exakte philologische Aufarbeitung, basierend auf dem editorischen Bemühen der ersten ‚Gewährsleute' Gutzkow, Franzos, Bergemann. Sie sind mit dem Bemühen um Herausgabe der Werke als erste zu nennen und mit Büchners Namen eng verknüpft. Allerdings zeigt weder auf der einen noch auf der anderen Seite die Aufnahme von Büchners Werk einen geradlinigen Verlauf.

Zunächst sind es also nur wenige Einzelpersönlichkeiten, die sich um eine Verbreitung und Würdigung des dichterischen Werkes von Büchner verdient machen. Hier ist besonders Karl Gutzkow zu nennen. Allerdings bleiben seine freundschaftlichen Schrittmacherdienste zu Lebzeiten Büchners ohne Breitenwirkung. Das ist verständlich angesichts einer gesellschaftliche Wirklichkeit, der liberalisierende, ja, ‚revolutionäre' Ideen höchst suspekt waren.

Aus Büchners Familie kommen Mitte des 19. Jahrhunderts zaghafte Impulse in Form einer novellistischen Biografie. Sie wird 1878 als Fragment veröffentlicht und hat nur ein geringes Echo. [11]

Es bleibt einem Dichter vorbehalten, noch vor der Jahrhundertwende Büchners Wegbereiter zu werden, die eigentliche Wirkungsgeschichte einzuleiten (vgl. hierzu ausführlicher Kap. 5): G. Hauptmann. Auch er macht sich zum großen Suchenden seiner Generation, gleich Büchner, den er verehrt, sucht er, dem Leben des Menschen im Leid einen Sinn zu geben.

Im ersten Jahrzehnt unseres Jahrhunderts setzt dann die erste ‚eigentliche Entdeckung' Büchners ein. Er wird gespielt. Seine dichterische Sprache, seine dramaturgischen Effekte und der

---

11) L. Büchner (Schwester Georg Büchners), Novellenfragment

humanitärpolitische Ausdruck seiner Dramen leiten eine anhaltende Auseinandersetzung ein.

Die volle Würdigung des dichterischen Ranges wird mit der Einrichtung des G.-Büchners-Literaturpreises in der Bundesrepublik im Jahre 1951 erreicht. Die Reden der Preisträger, mehr als eine Pflichtübung, vermitteln die ungebrochene Aktualität Büchners. Besonders sind hier Frisch (1958), Enzensberger (1963), Grass (1965) und Böll (1957) zu nennen. [12]

Die philologische Aufarbeitung kommt nur zögernd voran. Wichtige, auch für die heutige Forschung unübersehbare Stationen stellen Franzos (1879), Landau (1909) und Bergemann (1922) dar. Wird auch die Erst-Herausgabe der Büchner-Werke durch Franzos von der exakteren Philologie unserer Tage überholt, so bleibt ihr Rang für die Büchner-Forschung uneingeschränkt gültig. Das gilt auch für die Bergemann-Ausgabe.

Die Zusammenstellung der Texte in diesem Band - zwei Dramen, die Erzählung - mag auf den ersten Blick willkürlich erscheinen. Zunächst ist klar zu bekennen, daß Aussagen über Standort und Absicht des Autors sich optimal nur aus dem Gesamtwerk erschließen lassen. Jeder Versuch, Einzelelemente der Texte etwa zweckdienlich isolieren zu wollen wäre unsinnig, da die Gesamtperspektive verlorenginge. Gerechtfertigt erschein die Koppelung der drei Texte dennoch durch den ihnen gemeinsamen ‚roten Faden': Büchner gestaltet in ‚Dantons Tod', im ‚Lenz' und im ‚Woyzeck' drei extreme Positionen des Scheiterns:

- Der Staatsmann Danton scheitert an der „Geschichte" (Der Künstler) Lenz zerbricht an der Unvereinbarkeit von Natur und Gesellschaft, letzlich an sich selbst. –
- Der einfache Soldat Woyzeck scheitert an seinem Welt- und Menschenverständnis, die im Gegensatz zur Werteordnung der ihn umgebenden Gesellschaft steht. –

Das Individuum im Spannungsfeld von Geschichte, sozialem Kontext und der Unergründlichkeit der eigenen Psyche – darin

---

12) Viele der jüngeren Preisträger gehen in ihren Reden interessanterweise verstärkt auf „Lenz" ein. - Vgl. G. Schaub/H. Heckmann.

verbindet sich die Grundthematik der drei Texte, die nachfolgend zu erhellen sein werden. [13)]

Ein kurzer Abriß der Zeitumstände und biografische Exkurse werden vorangestellt. Beides erscheint wichtig für das Verständnis von Georg Büchners Fragen an die Zeit und zum Verständnis seiner Werke.

---

13) Eine große Zahl interessanter Untersuchungen wendet sich daher neben den historisch-sozialen Fragen bei Büchner besonders psycho-pathologischen Themen und Problemstellungen zu. - Vgl. Literaturverzeichnis

4. Zeitenwende und Empörung

Büchners Reifen vollzieht sich in einer Zeit bedeutsamer Umschichtungen in Deutschland und in Europa. Die Zeit zwischen 1789 und 1848 sieht das Ringen um neue soziale Ordnungen, die rasante Entwicklung der Technik, raumgreifende Industrialisierung und die Etablierung eigenständiger Wissenschaftssysteme (Geschichte/Naturwissenschaften). Eine Welt verwandelt sich, ein neues Weltbild entsteht.

Es ist nötig, den Zeitraum zwischen der ‚Großen Revolution' und dem Zusammentritt der ersten Deutschen Nationalversammlung in groben Zügen zu umreißen, damit Büchners literarisches Schaffen als Folge und Überwindung der weltanschaulichen, künstlerischen, tagespolitischen und ökonomischen Umwälzungen gesehen werden kann.

Als Büchner geboren wird, liegen die Ereignisse der Französischen Revolution beinahe 20 Jahre zurück. Erst 10 Jahre nach seinem Tode sind die Aufstände vorübergehend beendet, legen sich die Empörungen, ehe eine neue Zeit beinahe permanenter Klassenkämpfe bis in unsere Tage hinein heranrückt.

4.1 Zeit

Zunächst ist es also richtig, die Literatur jener Epoche - damit auch Büchners Werk - als „Ausdruck grundlegender gesellschaftlicher Veränderungen im damaligen Deutschland zu verstehen." [14] Büchner allerdings wird seine Zeit überwinden, sein Werk wird die Gültigkeit des Ewig-Aktuellen gewinnen, wie Penzoldt schreibt: „... nichts ist so lebendig, bewegend, treffend geblieben wie das dramatische Werk Büchners, nichts auch so ‚heutig', so repräsentativ für Deutschland und die deutsche Literatur." [15]

Das tiefgreifende Ereignis, um dessen faktenmäßige Aufarbei-

---

14) F. Faßen (Hg.), S. 9
15) G. Penzoldt, S. 13

tung man bemüht war, war die Französische Revolution. Die Mehrzahl der Menschen hatte die Tragweite der Geschehnisse noch nicht verstanden, die zukunftweisenden Akzente noch gar nicht erblickt, als Büchner sehr genau die Weltenbewegungen zu hinterfragen, den Menschen innerhalb der ihn tragenden, mitreißenden, verändernden, ja vernichtenden Prozeßhaftigkeit der Geschichte zu suchen beginnt. Er begreift die Auswirkungen jener großen Epoche: die Grundsätze der Volkssouveränität und Gleichheit vor dem Gesetz, das Erwachen freiheitlicher Gedanken in allen bislang absolutistisch regierten Ländern, das Hervorbrechen auch sozialistischer Tendenzen. Sie werden zutiefst die Nation erschüttern, aus ihnen werden - lange nach Büchners Tod - Ideen für die Realisierung einer neuen Menschheitsepoche wachsen.

Auch die zweite große Epoche europäischer Geschichte ist abgelaufen, noch ehe das Echo der voraufgegangenen verhallt ist: Für einige Zeit und zum letzten Mal hält ein Kaiser, Napoleon, den Kosmos in seinen Händen. Seine Niederlage wird zur bitteren Enttäuschung all derer, die einen ‚wirklichen‘ Freiheitskampf in Europa geführt haben. Statt der erhofften Freiheit: neuer Druck, neue Gewalt, eine Vielzahl kleiner Tyrannen, als sich die alten Mächte etablieren und alte Gewalten sich restaurieren. Spitzel, Polizeigewalt, Ämterkauf, Denunziation - das ist der Alltag, hinter diesen Maßnahmen verankert sich die obrigkeitliche Reaktion gegen jeden Fortschritt und gegen jede Freiheit des Geistes, die nicht dem alten ‚Allianzdenken‘ zugewandt ist. Metternich regiert.

Die geistige Entwicklung zu Beginn des 19. Jahrhundert in Europa ist gekennzeichnet durch schwärmerische Weltentsagung einerseits, durch die aufkommende Vormachtstellung der Naturwissenschaften verbunden mit politischer Radikalisierung anderseits. Zunächst empfinden in der Literatur, Malerei und Musik Künstler die Wende der Zeit vorweg, die beginnenden Erschütterungen, die dunkle Unruhe vor dem Sturm. Ausflüchte in die räumliche Ferne, in die Welt des Wundersamen, die Sehnsucht nach der Geschlossenheit eines Weltbildes bestimmen eine ganze Generation, die als ‚Romantiker‘

klassifiziert wird. [16] Sie sind die eigentlichen Wegbereiter jener Heine, Börne u.a., die mit verhementer Gesellschaftspolitik konkret den politischen Alltag verändern wollen.

Unterstützt werden sie von Vertretern der Wissenschaften, z.B. Oken, der als Professor der Naturwissenschaften in Jena eine anerkannte Autorität ist, mit einem ‚heißen Draht' zum greisen Geheimrat Goethe nach Weimar. Auch Oken wird - vor die Wahl gestellt - auf seine Professur verzichten und sich für seine Zeitschrift ‚Isis' und damit für die Freiheit des Geistes entscheiden. Aus dieser geistigen Elite organisiert sich in Deutschland der antifeudalistische Widerstand über zwei Jahrzehnte hinweg. Zwei gewichtige Komponenten werden erkennbar:

1. Das Bürgertum nimmt den Kampf gegen den Feudaladel um die politische Vormachtstellung auf,

2. die Anfänge der Arbeiterklasse konstituieren sich aus zunächst sporadischen Bewegungen, später aus organisierten Widerständen bereits im ersten Drittel des vergangenen Jahrhunderts.

Mit dem Aufkommen der systematischen Wissenschaften (Medizin) verändert sich das Verhältnis der Menschen gegenüber tradierten Einsichten und Glaubensbekenntnissen. Sachverhalte werden rational durchdrungen, Ergebnisse empirisch begründet. Die Denkbewegungen rücken von der ‚heilen Welt' ab. Religiöse Bindungen werden als ‚letzte Instanzen' in Frage gestellt. Leben wird mehr von seinen materiellen Substanzen her definiert. Das führt zu einer ‚erschreckenden' Enttabuisierung bislang nicht öffentlich ausgesprochener Lebenswirklichkeiten. Die Medizin entdeckt den ‚inneren' Menschen. Angesichts dieser Faßbarkeit und Erklärbarkeit allen Lebens relativiert sich das Weltbild von Jahrhunderten.

Auch die fortschreitende Technisierung und Industrialisierung

---

16) Romantiker/Romantik: (Literarische) Epochenbezeichnung etwa von 1797-1830 zum Ausklang der „Sturm und Drang - Bewegung" (ca. 1760-1785). Kennzeichnung: „... die weitausgreifende ruhelose Reflexion des Ichs, das an der Unendlichkeit einer geistbestimmten Welt teilhat, dabei an der Bindung ans Endliche leidet (...), und die Erschließung der seelischen Tiefenschichten, wie sie sich im Traum, Märchen, in der geschichtlichen Erinnerung manifestieren." - Vgl. O. Bantel. S. 93

bewirken in Deutschland und Europa jener Tage eine ökonomische und bevölkerungsmäßige Umschichtung nie gekannten Ausmaßes. Die Bevölkerung steigt rapide an. Zwischen 1800 und 1910 wächst die Gesamtbevölkerung in Deutschland von 25 auf 65 Mio. [17] Die Städte wachsen im Verhältnis zur ländlichen Bevölkerung und Besiedlung um 300 % in einer Zeit von nur 30 Jahren, nämlich von 1816-1848. Kleinunternehmer werden von der Großunternehmerschaft vereinnahmt, Industrie- und Finanzkapital wachsen. Kapitalmaximierung und die damit verbundene soziale Liquidation der Restbevölkerung schaffen in Deutschland aus einer ‚Vierklassengesellschaft‘ binnen kurzem eine deutliche ‚Zweiklassengesellschaft‘.

Der Stern, auch der ‚Urstern‘ der neuen Zeit offenbart sich den sensiblen Denkern überall, aufgeschreckt durch die Ereignisse und deren Folgen: Musset, Heine, Stendhal, Grabbe, Büchner. „Jenes Geschlecht", so schreibt Mayer, „das zwischen 1815 und 1848 dahinlebte, kannte den Ekel vor der eigenen Zeit und Ihren Verhältnissen wie nur je eines. [18]

Der Widerstand der Intelligenz gegen die restaurative Politik der Fürsten entwickelt sich rapide. Die ersten Burschenschaften werden gegründet (Jena 1815). Auf dem Wartburgfest (1817) machen die Studenten sich entschieden Luft. Das Fest wird zu einer gewaltigen Demonstration für die Freiheit; Haßgesänge auf die Unterdrücker, Zeitschriften, Werke der Geschichte aus der Zeit der Fürsten - Renaissance werden verbrannt. Mit der Ermordung Kotzebues durch den Burschenschaftler Sand (1819) ist ein Höhepunkt auch des Fanatismus erreicht, der harte Sanktionen nach sich zieht: Verbot der Turnerschaften, Auflösung der Burschenschaften, strenge Zensur und Demagogenverfolgung, festgelegt in den Karlsbader Beschlüssen.

Trotz dieser erheblichen Beschränkungen entwickelt sich dann zwischen 1820 und 1830 in Deutschland und Frankreich die Zeitung zum beherrschenden Medium der Information und Agitation. Immerhin erreichen bald die ersten großen Zeitun-

---

17)   K. Ploetz, S. 176
18)   H. Mayer, S. 26

gen Auflagenhöhen um die 10 000 Stück. Abermals kommen aus Frankreich entscheidende Impulse für die geforderte Liberalisierung der Verhältnisse. Karl X. wird von seinem Premier aufgefordert, ein Dokument zu unterzeichnen, das die Pressefreiheit abschaffen und das Wahlrecht beschränken soll. Das spricht sich schnell in den Redaktionen von Paris herum, im ‚Figaro‘, im ‚Journal de Paris‘, in ‚Le Temps‘ u.a. Ein Aufstand bricht los, der an die 89er Ergeignisse erinnert. Das Ende der Bourbonen bahnt sich an, mit Louis Philippe wird nach den dramatischen Unruhen ein ‚Bürgerkönig‘ regieren.

In Deutschland wird das Hambacher Protestfest 1832 Anlaß zu harten Reaktionen der Feudalaristokratie. Der spontane Versuch, die Frankfurter Hauptwache zu stürmen (1833), aus heutiger Perspektive dilettantisch, leitet die Beschlüsse der geheimen Wiener Konferenz ein (1834). Sie gipfeln im Verbot der freien Meinungsäußerung; betroffen sind jene Heine, Gutzkow, Wienbarg, Laube, die mit der Presse das wichtige Instrument der politischen Meinungsbildung verwalten. Der Beschluß des Deutschen Bundestages von 1835 faßt dieses Verbot eindeutig und rigide:

„Sämtliche deutschen Regierungen übernehmen die Verpflichtung, gegen die Verfasser, Verleger, Drucker und Verbreiter der Schriften aus der unter der Bezeichnung „das junge Deutschland” oder „die junge Literatur” bekannten literarischen Schule, zu welcher namentlich Heinr. Heine, Karl Gutzkow, Heinr. Laube, Ludolf Wienbarg und Theodor Mundt gehören, die Straf- und Polizei-Gesetze ihres Landes, sowie die gegen den Mißbrauch der Presse bestehenden Vorschriften, nach ihrer vollen Strenge in Anwendung zu bringen ... [19] Den Buchhändlern wird der Verkauf von Titeln der genannten Autoren untersagt.

Allerdings können die administrativen Maßnahmen den Prozeß der Mündigwerdung nur kurzfristig eindämmen. Die Entwicklung bis zum langersehnten Zusammentritt der ersten ‚Deutschen Nationalversammlung‘ ist nicht aufzuhalten. Es sind Dichter und Gelehrte, die in Frankfurt nunmehr auf der

---

19)   F. Faßen, S. 71 f.

Grundlage der immer wieder getretenen Menschrechte die Weichen für die Zukunft stellen.

Auf Georg Büchner haben naturgemäß die aktuellen Geschehnisse in Hessen primär ihren Einfluß. Es sind dies die Bauernunruhen im Oberhessischen. Sie brechen im Herbst 1830 aus und dauern bis 1834. Bauern machen ihre Forderungen gegenüber der Landesobirgkeit geltend. Sie widersetzen sich dem Druck der kommunalen und landesobrigkeitlichen Besteuerung, die sie zu einer doppelten Bringeschuld verpflichtet. Ihre Proteste sind gegen die Vollzugsbeamten des Zoll-, Steuer- und Forstwesens gerichtet. Militär wird herangeführt, die Aufständischen werden zerstreut. Unglücklicherweise kommt es zu blutigen Zwischenfällen. In Södel - Büchner bezieht sich später in seinem ‚Hessischen Landboten' darauf - gibt es Tote und Verwundete. Mit den Forderungen der Oberhessischen Bauern ist die Bedürfnislage eines Großteils der deutschen Bevölkerung gleichzusetzen. Es geht um die Verbesserung der simplen Alltagsbedingungen. Politik zu machen, heißt, sich um die Sicherstellung elementarer Bedürfnisse kümmern: Minderung der Frondienstleistungen, Aufbesserung des eigenen lebenserhaltenden Verdienstes.

Die mittelständischen Bürger verurteilen den Aufstand. Er wird weder in seinen einfachen Problemen verstanden noch als gegebener Anlaß unter Wahrung größtmöglicher Solidarität aufgegriffen, den Landesherrn zum Einlenken zu bringen. Ohne ‚politischen Charakter', bleibt der Aufstand „roh und verderblich". [20)]

Gewiß nimmt sich dieses Ereignis gegenüber den Abläufen von 1789 und auch jenen von 1830 in Paris harmlos aus. Büchner zieht eine wichtige Schlußfolgerung aus den Geschehnissen.

Die Schlüsse, die Büchner aus der genauen Betrachtung der Bauernaufstände ziehen mußte und auch tatsächlich zog, deckten sich mit den Erkenntnissen, die er bereits in Straßburg gewonnen hatte: „Eine soziale Revolution, will sie erfolgreich im großen Umfange durchgeführt werden, muß sich auf die

20)   G. Jancke, S. 46

Masse stützen können, muß die Nöte zu artikulieren wissen, die akut sind und Abhilfe verlangen." [21]

Die mangelnde Solidarität und die Verständnislosigkeit gegenüber den Ereignissen, die Büchner um sich herum erkennen muß, bestärken ihn aber zugleich in der Ansicht, daß der Zeitpunkt für Veränderungen auf dem Wege einer Revolution in Deutschland noch nicht gekommen ist.

Immerhin beteiligt er sich aktiv und gewagt am Widerstand. Aufgrund einer Landesverfügung zur Fortsetzung seiner Studien nach Gießen zurückgerufen, steigt Büchner 1834 in seine kraft- und nervenzehrende Phase politischer Untergrundarbeit. Äußerer Anlaß wird die Bekanntschaft mit dem liberalen Politiker Weidig, einem Schulrektor. Büchner gründet zunächst die deutschen Sektionen der ‚Gesellschaft für Menschenrechte' in Gießen und sodann in Darmstadt. Büchner und Weidig vertreten zwar unterschiedliche Standpunkte, die Ungleichheit beider macht aber ihre erfolgreiche Zusammenarbeit möglich. Weidig spielt in der revolutionären Bewegung eine bedeutende Rolle. Er verfolgt beharrlich seine politischen Ziele. Die Besonenheit dieses erfahrenen Strategen paart sich mit der Gedankenklarheit und zusammengefaßten Willenskraft Büchners.[22] Weidigs politische Karriere im Untergrund neigt sich ihrem Ende zu, vielleicht reißen ihn der harte Zugriff Büchners und die eigene vage Hoffnung auf Erfüllung seiner politischen Sehnsüchte noch einmal mit. Zusammen verfassen sie den ‚Hessischen Landboten', „eine Mischung aus Bibel und Bauernkrieg von revolutionärem Pathos und nüchternen Statistiken." [23]

Die Schrift verfehlt ihre Wirkung nicht. Ihr staatsgefährdender Inhalt ruft aber auch die Gegenseite auf den Plan. Verhaftungen, Folterungen sind wieder an der Tagesordnung. Im Manuskript des ‚Landboten' ist nicht eindeutig festzustellen, welche Passagen original von Büchner stammen. Die Handschriften sind verloren, Änderungen, Auslassungen, Kompromisse ha-

---

21) G. Jancke, S. 47
22) H. Mayer, S. 150
23) F. Faßen, S. 30

ben sicherlich wesentliche, für die Deutung Büchners hilfreiche Passagen entfallen lassen. Der ungestüme Appell: „Friede den Hütten! Krieg den Palästen!" deutet auf Büchner. [24]

Das Feudalregime ist ein einziger gesetzloser Zustand, daraus legitimiert sich die oppositionelle Gewalt. Büchner allerdings anerkennt nur die Macht, die vom Volke ausgeht und zu ihm zurückführt. Die Gewalt des einzelnen ist empörend. Sie entbehrt der Aussicht auf Erfolg, da sie zu schwach ist; zudem trägt sie jene putschistischen Züge, die Büchner verurteilt. Nach Jancke beinhaltet Büchners These der Gewalt zwei Aspekte: „Die Gewalt ist den bestehenden Gesetzen inkorporiert und, 2. eine Umstürzung der Unrechtsverhältnisse kann darum nur durch Gewalt geschehen." [25]

Büchners Entwurf ist mutig, der Experimentcharakter des Ganzen ist sicherlich nicht zu übersehen. Mayer grenzt seine Bedeutung in diesem Sinne ein: „Der Determinist versuchte einmal, den ‚gräßlichen Fatalismus der Geschichte' zu überlisten oder abzulenken. Vielleicht, daß die Elendsschicht, einmal aufgerufen, auch eine Lösung zu bringen vermöchte, die der Herold selbst nicht sah. So ist der ‚Hessische Landbote', nach dem Willen seines Schöpfers und des Sprechers, zugleich Fanal und Experiment." [26]

Ein Blick zurück in die Schulzeit Georg Büchners läßt erkennen, daß er nicht zufällig diesen Weg einschlägt, aber auch, daß er ihn so nicht weitergehen kann. Zwischen 1830 und 1834 beginnt sich der Schriftsteller Georg Büchner zu entwickeln. Er ist zunächst ‚Philosoph', ohne zugleich Autor zu sein. Als Redner macht er zuerst auf sich aufmerksam. Die grundlegenden Prinzipien, die er in seinem späteren Schaffen immer wieder aufgreift, sind bereits durchgeformt. Es ist dies das zentrale Motiv der menschlichen Freiheit zum einen, zum anderen die Frage nach der Identität des Menschen. Auf einer Schulfeier hält Büchner 1830 eine Rede über Catos Selbstmord. In einer zur Freiheit unfähigen Gesellschaft (Rom) unter dem Despotis-

24) G. Büchner, S. 9 (Goldmann)
25) G. Jancke, S. 112
26) H. Mayer, S. 188

mus einer Staatsobrigkeit (Cäsar) sieht Büchner für den intellektuellen Menschen keine Chance der Selbstverwirklichung (Cato). Die indifferente Gesellschaft verstümmelt das tragende Prinzip der natürlichen Entwicklung des Menschen. In seiner ‚Kritik an einem Aufsatz über den Selbstmord‘ - diesen Text stellt Mayer über die Cato-Rede - ist das große Thema der ‚Datonton‘, ‚Lenz‘ und ‚Woyzeck‘, hier noch in einer jünglingshaften Reflexion,angeschnitten: der menschliche Wille gegenüber dem Determinismus.

Als sich Büchner 1831 in der Straßburger Universität einschreibt, berichtet er in einem Brief an die Eltern begeistert über den Empfang einer Abordnung polnischer Freiheitshelden. [27] Für Büchner wird „Freiheit" die Grundlage allen Handelns schlechthin, die, wie Jancke schreibt, „immer zwei Ausformungen hat: die Denkfreiheit, die ethisch als Gewissensfreiheit erscheint und überhaupt die innere Natur des Menschen als eines vernünftigen Wesens ist; und die politische Freiheit, in deren Rahmen der Mensch als ein Gemeinschaftswesen allein seine Freiheit praktisch entfalten kann. [28]

Der Begriff ‚Freiheit‘ steht hier für den der ‚Selbstbestimmung‘. Dazu führt Jancke aus: „Selbstbestimmung aber heißt, sich seinem eigenen Denken und seinen eigenen Grundsätzen entsprechend bestimmen zu können. [29]

Setzen wir hier unseren heute so oft strapazierten Begriff der ‚Emanzipation‘ ein, so ist damit der aktuelle Anspruch Büchners umrissen.

Diese Dimensionen kritischen und produktiven Denkens sind von einem kultivierten Elternhaus vorgeprägt. Die Bibel, die Welt der Literatur, die Medizin, die Philosophie werden zu Grundfesten seiner Bildung. Während Goethe und die Heilige Schrift zu integralen Bestandteilen seines Seins werden, vollzieht sich zu Schiller, dem anderen großen Dichter und Denker neben dem Universalgenie Goethe, ein tiefgreifender Bruch. Zunächst wird für Büchner Schillers kühnes Postulat menschlicher Autonomie geradezu Programm, wird Schiller das Leit-

27) G. Büchner, S. 241
28) G. Jancke, S. 28
29) G. Jancke, S. 99

bild, an dem sich „das oppositionelle deutsche Bürgertum orientiert. [30] Der kritische Büchner, mit einem scharfen Blick für die Realität und die Bedingungen ihrer Veränderbarkeit, ist zu sehr Pragmatiker, als daß ihm auf die Dauer die Programmatik des Herzens in Schillers Ethik noch etwas zu sagen hat in einer Zeit, in der es genügend ‚Ideen', aber wenig zupakkende, auf wirkliche Veränderung gerichtete Aktivität gibt. Für ihn entbehrt Schillers Idee der menschlichen Freiheit des Realitätsbezuges. Sie ist zu pädagogisch, zu sehr auf die allmähliche Veränderung über Zeiten angelegt, ohne Durchschlagskraft für die Bewältigung des Hier und Heute. Sie ist ohne politische Brisanz.

Fassen wir das bisher Gesagte zusammen:
- Zeitumstände lösen entscheidend die ersten Versuche solidarischer sozial-politisch motivierte Aktionen aus. Aus dem Rückfall in eine physische und psychische Krise gewinnt Büchner neue Perspektiven für das Schreiben.
- Der ‚menschliche Wille zur Freiheit' wird leitendes Prinzip seines Lebens und Schaffens.
- Sein engagiertes Eintreten für den Menschen macht ihn zu einem ‚politischen' Autor im weitesten Sinne; seine entschiedene Parteinahme für die Freiheit noch nicht zu einem ‚Radikalen'.
- Büchner entzieht sich einer einengenden Etikettierung, sei es, was ihn als Menschen, sei es, was ihn als Dichter angeht.
- Erziehung und persönliches Bildungsschicksal lassen diese Entwicklung als folgerichtig erscheinen.

4.2 Leben

„Betrachtet man Georg Büchners Bild, so sieht man, wie stark sich bestimmte Gegensätzlichkeiten auch in seinen Zügen offenbaren. Sein Kopf ähnelt überraschend dem Byron's. Er hat einen kleinen Mund und graziöse Augenbrauen. Er hat etwas

---

30) H. Mayer, S. 291

von einem Mädchen, aber kalte Augen und eine gewaltige Stirn. Es ist in Büchners Gesicht alles vorhanden, was er von der ‚süßen Anmut' von ‚Leonce und Lena' bis zur ‚wilden Dämonie' in seinen anderen Stücken gestaltet hat," schreibt Kasimir Edschmid in seinem Aufsatz, **Georg Büchner** [31].

Gemeint ist jenes Bild, das Büchner häufig in Verbindung mit dem gegen ihn erlassenen Steckbrief im Jahre 1835 zeigt. Es ist das Bild des Zweiundzwanzigjährigen. Am ehesten fasziniert der skeptische, zugleich melancholisch-entrückte Blick.

In seinen beiden letzten Lebensjahren intensiviert Büchner die wissenschaftlichen Arbeiten. Noch im Jahr der ‚Lenz'-Niederschrift studiert er die naturwissenschaftlichen Erkenntnisse Goethes und Okens. In Straßburg hält er 1836 vor der ‚Gesellschaft der Naturwissenschaften' seine Vorlesungen und hinterläßt einen starken Eindruck. Die Gesellschaft veröffentlicht sie auf eigene Kosten. Damit ist die Grundlage zu seiner Promotion gelegt. Sie erfolgt noch in demselben Jahr. Mit großzügiger Unterstützung der Straßburger Polizei und des Züricher Bürgermeisters siedelt Büchner in die Schweiz über. Er führt sich vielversprechend in der Universität Zürich ein. Seine Probevorlesung sichert ihm eine Privatdozentur. Was seine politischen Aktivitäten angeht, so weiß er seine Familie zu beruhigen und den permanent verunsicherten Frieden zwischen sich und dem Vater herzustellen. Obwohl er jetzt vornehmlich als Wissenschaftler tätig ist, hält ihn die Poesie gefangen. Er schreibt an seine Braut: „Mein lieb Kind ... Das beste ist, meine Phantasie ist tätig, und die mechanische Beschäftigung des Präparierens läßt ihr Raum. Ich sehe Dich immer so halbdurch zwischen Fischschwänzen, Froschzehen etc. Ist das nicht rührender als die Geschichte von Abälard, wie sich ihm Héloise immer zwischen die Lippen und das Gebet drängt? O, ich werde jeden Tag poetischer, alle meine Gedanken schwimmen in Spiritus. Gott sei Dank, ich träume wieder viel nachts, mein Schlaf ist nicht mehr so schwer." [32]

---

31) K. Edschmid in: W. Schlick (Hg.), S. 84
32) G. Büchner, S. 292 (Goldmann)

Daß sich in diesen Zeiten nicht nur der Charme einer gewissen Entspanntheit, sondern ernsthaft auch die Absicht literarischen Schaffens ausdrückt, geht aus einem anderen, wenige Tage später an die Braut gerichteten Brief hervor: „(Ich werde) in längstens acht Tagen ‚Leonce und Lena' mit noch zwei anderen Dramen erscheinen lassen." [33]

Es ist also das Jahr seiner (erfolgreich veröffentlichten) Meisterwerke, des ‚Leonce und Lena' das ‚Woyzeck' - davon berichtet er offensichtlich in diesem Zusammenhang - und des verschollenen Dramas ‚Aretino'.

Mit ‚Leonce und Lena' gelingt Büchner eine großartige Komödie, die in eine Reihe zu stellen ist mit jenen eines Goldini, Lope de Vega, Molière, Shakespeare. „Hauchzart, wie hingeblasen - und doch mit einem gedanklichen Skelett ausgerüstet, das bei aller Biegsamkeit wie stahlgehärtet erscheint. Mit Zügen romantischer Poesie, romantischer Ironie, romantischer Märcheninnigkeit, aber doch ganz ohne romantische Sehnsucht, ohne Hoffnungssymbol, ohne blaue Blume. Ein Stück, das bei näherer Analyse all seine Bitterstoffe preisgibt, ganz nahe an die Danton-Philosophie heranrückt und spürbar den Woyzeck vorbereitet" [34] - so charakterisiert G. Penzoldt das Lustspiel.

Der ‚Aretino' ist verschollen. Über seinen Inhalt, seine Stoßrichtung sind nur Vermutungen anzustellen. Büchners Familie wertet das Manuskript hoch. Es könnte durchaus eine Fortführung der Grundprinzipien Büchnerschen Dichtens und Lebens gewesen sein: Darstellung und Freiheit des Individuums. Doch unter welchen Konkreta? Die logische Kette im Werk Büchners ließe eine Vermutung zu: Im ‚Danton' wird ‚Geschichte' ihres Sinnes entleert, im ‚Lenz' problematisiert Büchner die Rolle des Künstlers in einer Zeit, die für neue Ausdrucksformen noch nicht offen ist, im Woyzeck strandet ein einfacher Mensch an der Pseudo-Größe eines wissenschaftsgeprägten Zeitabschnittes. Geißelt Büchner im ‚Aretino', dem geistvollen Spötter, „der von seiner Feder lebte, die wie Dolche stechen und töten, wie Musik schmeicheln und verzaubern konnte" [35] (H. Ke-

33) G. Büchner, S. 198 (dtv)
34) G. Penzoldt, S. 32
35) H. Kesten, S. 59

27

sten, Die Lust am Leben, S. 59). Wohin auch die Reflexionen an diesem Punkte führen, sie bleiben ohne Antwort. Es muß ein großes Werk gewesen sein, nach Aussagen der Familie, ein neues ,Brandzeichen' für seine Zeit, wenn Büchner sich weiterhin mit Wort und Tat zum Menschen bekannt hat.

Die weitgespannten Aktivitäten sind erstaunlich. Büchner ist zwischen wissenschaftlichem Studium und Forschen, zwischen Laborarbeit und der gleichzeitigen Textproduktion tätig. Hier ist seine enorme Speicherfähigkeit zu erwähnen. Die Technik des Arbeitens hat etwas von der Schuberts beim Komponieren. Die rasche Aufnahme von Fakten, eine fieberhafte, formal sogleich mit verblüffender Sicherheit beherrschte Niederschrift. Dazu bemerkt Gundolf: „Sein Forschertum war vielleicht seine eigentliche Anlage: sicherer Blick, rasche Verknüpfung, ahnender Spürsinn!" [36]

Auch Johann hebt die wissenschaftliche Arbeitsweise Büchners hervor: „Prüfen, vergleichen, schauen, nicht schwärmen, diese Grundsätze des exakten Forschens hatte Büchner bereits von seinem Vater übernommen! [37]

Die Fähigkeit der Diskrimination und Synthese des Wesentlichen verbinden sich bei Büchner mit einer erstaunlichen Willenskraft, die bereits Weidig beeindruckt hatte, und einem begnadeten Sprachvermögen.

Auch die Lebenszeugnisse einiger seiner Schulkameraden, Studienfreunde und politischer Mitstreiter vermitteln uns das Bild seiner überaus starken Persönlichkeit, die auf das Heftigste die Umgebung für sich einnimmt, verunsichert oder gar abschreckt. So bekennt Karl Vogt: „Offen gestanden, dieser Georg Büchner war uns nicht sympathisch. Er trug einen hohen Zylinderhut, der ihm immer tief im Nacken saß, machte beständig ein Gesicht wie eine Katze, wenn's donnert, hielt sich gänzlich abseits, verkehrte nur mit einem etwas verlotterten und verlumpten Genie, August Becker, gewönlich nur der ,rote August' genannt .. In Wernekincks Privatissimum war er sehr eifrig, und seine Diskussionen mit dem Professor zeigten uns bei-

36)   F. Gundolf in: W. Martens, S. 144
37)   E. Johann in: W. Martens, S. 144

den anderen bald, daß er gründliche Kenntnisse besitze, welche uns Respekt einflößten. Zu einer Annäherung aber kam es nicht; sein schroffes, in sich abgeschlossenes Wesen stießen uns immer wieder ab." [38]

Jener ‚rote Becker' selbst - wegen seines roten Bartes so genannt - später einer der Charaktere in G. Salvatores Drama ‚Büchners Tod', jenes ‚verlotterte und verlumpte Genie', stellt besonders Büchners Lauterkeit und sein großes Sprachvermögen heraus: „... Die Grundlage seines Patriotismus war wirklich das reinste Mitleid und ein edler Sinn für alles Schöne und Große. Wenn er sprach und seine Stimme sich erhob, dann glänzte sein Auge - ich glaubte es sonst nicht anders - wie die Wahrheit. Ich habe die von ihm verfaßte Flugschrift abgeschrieben. Was hätte ich nicht für ihn getan, wovon hätte er mich nicht überzeugt?" [39]

Für Ludwig Wilhelm Lucks wird Büchners Geradlinigkeit zum unverkennbaren Charakteristikum seiner Persönlichkeit: „Georg Büchner ging schön frühe und allezeit gradaus auf das los, was er als das Wesen und den Kern der Dinge erkannte, auch in der Wissenschaft, besonders der Philosophie, sowie hinsichtlich der politischen Volksbedürfnisse, wie er sie ansah, und in allem war sein Prinzip die Freiheit, die er meinte." [40]

Intellektuelle Distanz, Mißtrauen, Schroffheit, Geradlinigkeit, Demagogie, Dämonie sind eine Seite im Wesen und der Ausstrahlung Georg Büchners. Empfindsamkeit, mimosenhafte Zerbrechlichkeit und eine beinahe menschenentrückte Zärtlichkeit machen die andere Seite aus, die am sprechendsten gerade in seinen Briefen an die Braut wird.

Es gibt offensichtlich zu diesem Menschen keine Nicht-parteinahme, Büchner verlangt sie ebenso wie er sie leistet gegenüber der Mitwelt. Gundolf faßt die Erscheinungen seiner Persönlichkeit wie folgt zusammen: „Büchner stoßen sich verwegene Phantasie, hellscharfer Verstand, allempfängliches Gefühl - Kräfte, deren natürlicher Einklang einen Shakespeare, deren bildnerischer Ausgleich einen Goethe, deren willensge-

---

38) G. Büchner, S. 305 (dtv)
39) G. Büchner, S. 306 (dtv)
40) G. Büchner, S. 303 (dtv)

waltiger Bann einen Dante, deren trunkenes Spiel einen Jean Paul begnadet." [41]

Der ‚Danton', ‚Lenz' und ‚Woyzeck' spiegeln den Ausdrucksreichtum seiner seelischen Regungen, intellektuellen Spannungen und künstlerischen Möglichkeiten. Gewiß enthalten sie lyrische Passagen von großer Zartheit, doch sie sind nicht eigentlich kennzeichnend für Büchners Diktion. Vielmehr sind seine Texte, besonders der, ‚Woyzeck', als „Kräftegesichte" zu lesen, in denen es Büchner gelingt, mit einem „Minimum an Zeichen ein Maximum an Zeigung" [42] zu erzielen, Texte, die sich ausweisen als „Griff, Stoß, Blick".

Den gesundheitlichen sehr labilen Büchner befällt im Januar 1837 eine Erkältung, die in ihrem Fortgang nicht mehr einzudämmen ist. Als ob er seinen Tod voraussprüt, schreibt Büchner an seine Braut. „Mein lieb Kind, Du bist voll zärtlicher Besorgnis und willst krank werden vor Angst; ich glaube gar, Du stirbst - aber **ich** habe keine Lust zum Sterben und ich bin gesund wie je ... Du kommst bald? Mit dem Jugendmut ist's fort, ich bekomme sonst graue Haare; ich muß mich bald wieder an Deiner inneren Glückseligkeit stärken und Deiner göttlichen Unbefangenheit und Deinem lieben Leichtsinn und all Deinen bösen Eigenschaften, böses Mädchen. Addio, piccola mia! [43]

Das ‚Addio' ist schwere Wirklichkeit geworden. Büchners Apathie, die sich in den folgenden Tagen einstellt, geht in Fieberträume über. Es besteht für ihn keine Hoffnung mehr. Im Februar und bis zu seinem Tod ist seine Verlobte bei ihm.

Karl Gutzkow selbst, der wesentlichen Anteil an der schriftstellerischen Entwicklung Büchners hatte, faßt später - er hat die Nachricht von dessen Tod erst lange nach Büchners Ableben erhalten - über ihn zusammen: „... Man ist ohne Sorge über den still fortglimmenden Freundschaftsfunken und tritt eines Tages an einen Ort, wo sich das Echo der tausend Tagesgerüchte, der Irrtümer und Verfolgungen in Zeitungen durchkreuzt. Man ergreift sorglos eine derselben und liest, daß der Freund, der hoffnungsvolle, strebende, mutige, schon seit Monaten hin-

41) F. Gundolf in: W. Martens, S. 85
42) F. Gundolf in: W. Martens, S. 96
43) G. Büchner S. 293 (Goldmann)

übergegangen ist in das Reich des Friedens, sanft entschlummert im Arme einer Geliebten, ausgelöscht aus dem jungen Nachwuchsregister unserer Hoffnungen, todt - ja mehr als todt - schon seit Monden verstorben.

So ging es mir mit Georg Büchner, einem strebenden Jünglinge aus dem nahen Darmstadt, dessen Freundschaft ich mir leistete mit vollem, ideenreichem Herzen, einer Knospe, deren Enfaltung ein herrliches Farbenspiel am Sonnenlicht gespiegelt hätte, die die volle Ahnung eines nicht bloß genießenden Frühlingslebens in sich trug, sondern auch das Versprechen eines durch außerordentliche Fähigkeiten gesicherten Gewinnes für seine Nation." [44]

Büchner wird am 21. Februar in Zürich begraben.

4.3 Texte

Glauben, lieben, hoffen, leiden sind immer wiederkehrende Äußerungen auf Büchners Gefühlsskala. Er lebt sie persönlich, er stattet seine Figuren mit ihnen aus.

Leiden, Schmerz empfinden - es sind jene Danton, Lenz und Woyzeck, die an der Welt, an sich selber kranken. Im ‚Hessischen Landboten' noch versammelt Büchner seinen geballten Ingrimm gegen die ungerechte Zeit, hier noch eher theoretisch. Erst im Krisenjahr 1834 - er erholt sich nur mühsam von seiner schweren Erkrankung und dem seelischen Tief - steht er der Welt als Leid-Geprüfter gegenüber.

Die Unmöglichkeit, die politischen Verhältnisse im eigenen Lande mit ändern zu können, die Erfahrung der eigenen unvollkommenen Existenz befreien Büchners Blick für die Kluft, die zwischen der natürlichen Ordnung und dem Ausgesetztsein des menschlichen Schicksals besteht, „aufgerissen durch die Unaufhebbarkeit des Leidens in der Welt." [45] Büchner geht den Weg in die innere Emigration, wohin nur sehr gelegentlich seine engste Vertraute, die Verlobte, Zutritt findet.

---

44) K. Gutzkow in: W. Schlick, S. 7

45) H. Ritscher, S. 7

In G. Salvatores Drama ‚Büchners Tod' wirft August Becker, Freund und Vertrauter seiner Ideen, ihm Flucht aus Feigheit vor. [46)]

Anton stellt richtig, daß die auch in der Forschung häufig vertretene Annahme, der Rückzug Büchners in die poetische Praxis sei aus ‚entmutigtem Handeln' erfolgt, irreführend ist.[47)]

Vielmehr führen die Leiderfahrungen und die vertieften Einsichten in neue Ausdrucksdimensionen; wenn man so will, setzt Büchner seinen Kampf mit anderen Mitteln fort.

Es wird in den drei besprechenden Werken auf die unterschiedlichen Ausdrucksformen des Schmerzes und des Leidens zu achten sein: seelischer und körperlicher in seiner Funktion beinahe kathartischer Schmerz - der stille Schmerz in der Gewißheit des nahen Todes (Danton) - erlösender, belebender Schmerz im Schaudern metaphysischer Genüsse (Lenz) - sozial verursachter Schmerz und das Leiden im ohnmächtigen Aufbegehren (Woyzeck).

4.3.1 Dantons Tod

Als geschichtsbewußter, sozial mitfühlsamer und sensibler Mensch kann Georg Büchner nicht an den Tatsachen der ‚Großen Revolution' vorbeisehen. Ebenso wie die Erhabenheit menschlichen Willens in ihr fasziniert ihn das grandiose Ausmaß des Schreckens. Auch wir können diese Zeit nicht übergehen, keine Generation nach uns, wie F. Sieburg glaubt: „Die Menschheit wird mit der Französischen Revolution niemals ganz fertig werden. Niemals wird sie zu einem einheitlichen Urteil über sie gelangen, niemals wird sie den Reichtum an Ideen und Figuren, den sie gebracht hat, ganz ausschöpfen." [48)]

Edelmut, Geist, Kultur - aber auch die niederen Instinkte des Menschen werden freigesetzt in dem rasenden Blutrausch. Alles liegt dicht beieinander, alles vermengt sich: Größe, Gemeinheit, Menschlichkeit, Perversionen, hohle phrasenhafte Effekthascherei, politischer Weitblick, dogmatische Engstir-

---

46) G. Salvatore, S. 70
47) H. Anton, S. 22
48) F. Sieburg, S. 111

32

nigkeit, Skrupel, zynische Verachtung, Würde, Brutalität und Barbarei - eine unerhörte Palette aller Farben und Schattierungen des Menschseins.

Wir erkennen den Mechanismus der Revolution in ihrem ewiggleichen Ablauf: Aufstand des Pöbels - Absetzung des Regenten - Bilden einer provisorischen Regierung - Splittergruppierungen innerhalb der Spitze - Spitzelei, Verfolgungen, Terror - Zerfall der Führungsspitze - Integration durch eine neue, starke Hand.

Aus diesem Ablauf gewinnt Büchner eine ihm zutiefst beunruhigende Erkenntnis: Die Menschen sind Marionetten im Strom der Geschichte. Er erschauert vor jenen, die Revolution machen, aber auch vor jenen, die ihre Opfer sind. Das bestärkt den Menschen Büchner, das bestärkt den politisch bewußten Dichter Büchner, seine Zielsetzungen und Handlungsweisen zu überprüfen. Was bleibt von dem kleinen, anmaßenden, bezopften, eitlen ‚Unbestechlichen'? Was bleibt von seinem Schatten, dem dämonischen St. Just, dem ‚Erzengel des Todes'? Was bleibt von Danton, dem redegewaltigen Bonvivant, dem Löwen der Revolution? Sie gehen alle denselben Weg. Die Zeit kennt keine Unterschiede, sie werden alle nivelliert im unerbittlichen Zeitmaß der Geschichte. Für Büchner bedeutet das, sich von dem Heroen-Kult loszusagen, nach dem einzelne, herausragende Menschen, ‚Geschichte machen'. Er entfernt sich damit von der traditionellen Geschichtsauffassung. Er kehrt sich damit aber nicht gegen die Geschichte und die Verantwortung des einzelnen in ihr. Für Lissner stellen sich die Ereignisse als kuriose Bühne des Lebens dar mit Akteuren, die genau das Gegenteil von dem spielen, was eigentlich inszeniert war: „Die Französische Revolution, dieses Meisterstück gallischen Geistes, weckte das im Absolutismus dahindämmernde Europa urplötzlich auf wie eine rotleuchtende Explosion in schlafender Nacht ... Die Französische Revolution ist ganz großes Theater ... Die Französische Revolution war ein Theater **ohne** Freiheit, **ohne** Brüderlichkeit, **ohne** Gleichheit, aber mit donnernden Parolen, ein Schiff, das sich im Sturm immer wieder überschlug." [49]

---

49)   J. Lissner, S. 382

Ein winziger Akt aus dem großen Spektakel wird für Büchner Grundlage zu einem kühnen dramatischen Entwurf zu ‚Dantons Tod'.

Büchners Drama spielt im vorletzten Abschnitt der Geschichtstragödie. Die Revolution ist gelaufen. Es kommt nur noch darauf an, wer als letzter stirbt. Als Danton gegen die zunehmende Radikalisierung Robespierres eingreift, stellt sich die politische Bühne in Paris ziemlich übersichtlich dar. Sie wird beherrscht von den Jakobinern, die sich auf die Massen der Kleinbürger und Besitzlosen von Paris stützen. Angeführt von Robespierre, Marat und St. Just, fordern sie die gesellschaftliche Gleichstellung aller und nationale Einheit durch Zentralisation.

Aus der Jakobinergruppe spalten sich die ‚Cordeliers' ab, ein politischer Klub, den Danton mitbegründet hat. C. Desmoulins gibt ‚Le Vieux Cordelier' heraus, eine Zeitung, in der zur Mäßigung aufgerufen wird. Während Danton Leitfigur dieser Gruppe ist, trennen sich die ultraradikalen Anhänger Héberts von ihnen und bilden eine Splittergruppe. Gegen die Religion vergöttern sie die ‚Vernunft'. Am 10. November 1793 zerstören sie 2000 Kirchen im Lande.

Als dritte Gruppe verstehen sich die Girondisten, denen Danton, zeitweise angehört. Sie fordern die Rechtsgleichheit aller Bürger und die Autonomie der Provinzen in Verwaltungsfragen. Damit stoßen sich sich zwangsläufig an den Forderungen der Jakobiner.

Ohne Stimme im Konvent, bilden die Monarchisten die vierte Gruppe. Von ihnen gehen die Initiativen der Vendée-Erhebungen aus (Februar 1793).

Dantons Rolle in der Revolution ist ohne jene Geradlinigkeit, heute sagen wir, Linientreue, die Robespierres herausragendes Charakteristikum ist. Danton ist kein Dogmatiker, erst recht kein Fanatiker der Revolution. Das Volk liebt ihn einerseits, verachtet ihn andererseits. Als Mann der ersten Stunde genießt er allerdings einen beachtlichen Kredit in Frankreich. Mit seiner Person sind folgende bedeutende Fakten des Revolutionsablaufes verknüpft:

1. Am 17. Juli 1791 fördert **Danton** die Entthronung des Königs.

2. Er duldet und verantwortet die Massaker zwischen dem 2. und 6. September in Paris. Hier werden ca. 1600 Bürger jeden Alters und Geschlechts niedergemetzelt, die verdächtig sind, mit dem Außenmächten (Österreich-Preußen) zu konspirieren, zumindest aber die eigene Sache nicht unterstützen.

    Danton verantwortet sich in seiner Rede am 25. September. Zugleich weist er die Vorwürfe der Gironde zurück, er strebe gemeinsam mit Marat und Robespierre die ‚Herrschaft der drei' an.[50]

3. **Danton** wendet sich erstmals öffentlich gegen Robespierre, der in seiner Dezemberrede von 1793 die Dringlichkeit begründet, die Revolution gegen die inneren und die äußeren Feinde zu verteidigen.

4. Am 19. März 1974 ruft **Danton** zur Mäßigung auf, um die bedrohte Revolution und das Vaterland zu retten.

5. **Danton** steht nach seiner Rede wieder hoch im Kurs. St. Just und Robespierre argwöhnen ein Wiedererstarken seiner Macht. Sie nutzen die Zeit der Zerwürfnisse und Ängste im Konvent, da jeder jeden bespitzelt, zu einem Komplott gegen Danton und seine Freunde. Es ist St. Just, dessen Rede am 21. März 1794 Dantons Tod besiegelt. Der Redner spielt ein gewagtes, aber gekonntes Spiel. Er bestätigt den Kurs Robespierres, fordert die Vernichtung Dantons und seiner Anhänger wegen Hochverrats.

6. Die **Verhaftung Dantons** erfolgt unmittelbar. Nach drei brisanten Verhandlungstagen, in denen Danton mehrfach die Stimmung im Konvent wieder für sich einnehmen kann, werden er und seine Freunde zum Tode verurteilt und am 5. April 1794 guillotiniert.

* * *

---

50) Vgl. P. Fischer (Hg.), Reden

Büchners Drama spielt zwischen dem 24. März, also nach der entscheidenden Rede St. Justus, und dem 5. April 1794. Es umfaßt damit die Agoniephase der Revolution, in der auch mit dem Schicksal Danton das Robespierres und seiner Anhänger besiegelt ist. Büchner schreibt das Drama unter bedrückenden materiellen und seelischen Verhältnissen. Seine Mittellosigkeit zwingt ihn zur Übernahme einer Brotarbeit. Sie entsteht zwischen Angst vor Verrat und Aufbegehren gegen die scheinbare Ausweglosigkeit. In Eile wird das Manuskript schließlich nach geglückter Flucht aus Straßburg an Gutzkow geschickt. Das Manuskript wird gedruckt. Freilich muß sich Büchner Korrekturen und Streichungen gegen seine Intentionen gefallen lassen. Die Honorar-Zusagen sind wenig ermutigend. Aber Gutzkow kommt dem jungen Autor entgegen und bietet ihm die weitere Mitarbeit an der Zeitschrift „Phönix" an, damit er sich künftig wenigstens eine zusätzliche Quelle für Einkünfte sichern kann.

Über das verstümmelte Werk gibt Büchner am 28. Juli 1835 aufschlußreiche Erklärungen. Es sei gestattet, erneut ein längeres Zitat anzuführen:

„Über mein Drama muß ich einige Worte sagen. Erst muß ich bemerken, daß die Erlaubnis, einige Änderungen machen zu dürfen, allzusehr benutzt worden ist. Fast auf jeder Seite weggelassen, zugesetzt, und fast immer auf die dem Ganzen nachteiligste Weise ... Was übrigens die sogenannte Unsittlichkeit meines Buches angeht, so habe ich folgendes zu antworten: Der dramatische Dichter ist in meinen Augen nichts als ein Geschichtsschreiber, steht aber **über** letzterem dadurch, daß er uns die Geschichte zum zweiten Mal erschafft und uns gleich unmittelbar, statt eine trockene Erzählung zu geben, in das **Leben** einer Zeit hinein versetzt, uns statt Charakteristiken **Charaktere** und statt Beschreibungen **Gestalten** gibt. Seine höchste Aufgabe ist es, der Geschichte, wie sie sich wirklich begeben, so nahe als möglich zu kommen ... Wenn man mir übrigens noch sagen wollte, der Dichter müsse die Welt nicht zeigen, wie sie ist, sondern wie sie sein solle, so antworte ich, daß ich es nicht besser machen will als der liebe Gott, der die

Welt gewiß gemacht hat, wie sie sein soll. Was noch die soge-
nannten Idealdichter anbetrifft, so finde ich, daß die fast nichts
als Marionetten mit himmelblauen Nasen und affektiertem Pathos, aber nicht Menschen von Fleisch und Flut gegeben haben ... [51]

Hier wir in **Ansätzen eine Literaturtheorie** hörbar, zumindest
ein dichterisches Programm, das sich konsequent im ‚Lenz‘
und ebenso im ‚Woyzeck‘ fortsetzen wird.

Auffallend auf den ersten Blick ist das fast wörtliche Hineinver-
arbeiten historischer Quellen. Darin ist auch die Geringschät-
zung bei seinen Zeitgenossen begründet.

Sowohl Büchners dichterischen Wollen als auch die innere
Notwendigkeit der Form wurden selbst von Gutzkow verkannt.
Erst Höllerer wird in unserem Jahrhundert darauf aufmerksam
machen, daß es sich um eine Collage-Technik handelt, mit der
es Büchner gelingt, „durch ausschnitthaftes Zitieren und richti-
ges Einsetzen dieser Zitate visionäre Nähe zu seinen Gegen-
ständen zu erreichen." [52]

* * *

Jancke weist darauf hin, daß zum Danton die Quellenlage nicht
eindeutig geklärt ist. Als gesicherte Originalwerke, die Büchner
verwendete, gelten mit Übereinstimmung in der Literatur zu
diesem Sachverhalt drei Standardwerke:

1. Louis Adolphe Thiers,   „Histoire de la Révolution
                           Francaise", 10 Bde,
                           Paris 1823 - 1827

2. Francois Mignet,   „Histoire de la Révolution
                           Francaise depuis."
                           2 Bde, Paris 1824

3. Sébastian Mercier,   Le nouveau Paris."
                           6 Bde, Paris 1799

---

51)   G. Büchner, S. 181 (dtv) - Hervorhebungen nicht im Original
52)   W. Höllerer in: H. Ritscher, S. 11

Auf die grundlegende Gegenüberstellung Vietors von Dramen-stellen und Quellen sei in diesem Rahmen lediglich verwiesen. Nachweise über die Verwendung weiterer Quellen sind mit einigem Erfolg unternommen worden. Sie sind hier aber nur von untergeordnetem Interesse. Verblüffend bleibt auch die Diskrepanz der Interpretationen und Wertungen des **Dantons** weiterhin. Rasches, überschwengliches und pauschales Lob, gründlicher Verriß, ideologische und nicht zuletzt ein hohes Maß an fachunkundiger Willkür haben viel dazu beigetragen, gerade dieses Werk und seinen Autor auch später noch gründ-lich mißverstehen zu lassen. [53]

Das Drama gliedert sich in vier Akte mit jewils 6, 7, 10 bzw. 9 Szenen. Darin folgt Büchner auf den ersten Blick der Bauweise klassischer Dramen (Exposition - Erregendes Moment - Höhe-punkt / Peripetie - Retardierendes Moment - Katastrophe bzw. Auflösung des Konflikts), führt es aber erheblich über die strenge Form hinaus. In der aufgelockerten Szenenführung, dem Episodencharakter seiner Handlungsmomente, der im-pulsgebenden Funktion der Volksszenen, in der vollplasti-schen Sprache und verarbeiteten Quelleneinführungen berei-tet Büchner eine Art ‚Dokumentationstheater' vor. Formal wer-den die Erzählstruktur des ‚Lenz' und die Dramenstruktur des ‚Woyzeck' vorweggenommen, auch wenn der Abstand unver-kennbar groß ist. Bestärkt wird die Überwindung klassischer Baugesetze durch einen unheroischen ‚Helden', Danton, der außerhalb der hochbrisanten Ereignisse in der letzten Phase der Revolution steht. Büchners Danton weist mit dem histori-schen Vorbild kaum Ähnlichkeiten auf: kein Zug der konterre-volutionären Haltung, keine leidenschaftlichen Ausbrüche für die Rettung des Vaterlandes, kein kämpferischer Einsatz eines Mannes, der nur zu erscheinen hätte, um den Ereignissen ei-nen anderen Verlauf zu geben.

Stattdessen ein philosophierender, zwischen politischer Mü-digkeit und Lethargie verharrender, mit dem Gewissen reden-der Danton, der nur einmal, und das viel zu spät, zu einer groß-artigen Verteidigungsrede ausholen wird. Doch überstark tritt

---

53) vgl. Literaturverzeichnis

uns Danton entgegen auch ohne jede zupackende Aktivität. Widerstandslos erwartet er das Urteil seiner Widersacher, die keine allzu große Mühe mit ihm haben. Entlebte Gebärde, Pose, Monument. -

Büchners Drama ist oft ein ‚fünfter Akt' genannt worden. Vorbereitende Gedanken- und Handlungsentwicklung fehlen. Büchner gestaltet ‚seinen Danton' in der für das eigene Fragen wesentlichen Situation, und entscheidend ist „nicht heldenhafter Beginn, glückhafter Aufschwung, sondern der Ablauf und der Abschluß." [54]

Charakteristisch für die Zäsur zwischen ‚Geschichte' und ‚Dichtung' in diesem Drama ist, daß Büchner seinem Helden eine Erkenntnisdimension mitgab, die der Danton der Wirklichkeit gar nicht besß, vielleicht nicht besitzen konnte." [55] Allein dieses Faktum ist Kriterium genug, ‚Dantons Tod' nicht vordergründig als ‚Geschichtsdrama' zu lesen, wozu Gutzkows publikumswirksamer Untertitel „Dramatische Bilder aus Frankreichs Schreckensherrschaft" erheblich beigetragen hat. Büchner stellt wohl die Frage „nach der Ursache für das grundsätzliche Scheitern der Französischen Revolution und seiner eigenen politischen Betätigung" [56], das ist wahr. Wie sehr vertieft er aber diese Frage zu einem Nachsinnen, zu einem Philosophieren über die Freiheit schlechthin, worin sogar der freigewählte Schmerz und der Tod als konsequente Lösung einbezogen werden. Anton führt aus: „Es ist die höchste Form von „Bewußtsein der Freiheit", die das Drama als Tragödie einem tragischen Helden zuerkennen kann, der für seine „schuldvollen Thaten" mit einem noch nicht zu sich selbst gekommenen „Selbst" einsteht." [57]

* * *

54) G. Penzoldt, S. 22
55) G. Penzoldt, S. 18
56) F. Faßen, S. 246
57) H. Anton, S. 43

1. Akt *

Danton räsoniert über Leben und Tod, Schuld und Sühne. Die ‚schuldvollen Taten' sind die Septembermorde, die Danton zumindest nicht verhindert hat. Er lebt mit diesem Schulkomplex, der zum alles entscheidenden Verzicht führt. Diesen Danton, der seinen eigenen Gedanken nachgeht und alles Tun aus der Perspektive seines Versagens beurteilt bei sich und anderen, stellt Büchner in den Mittelpunkt seines Dramas. Ihm gibt er auch als erstem das Wort, so als müsse der Zuschauer sofort wissen, daß es um Dantons Gedanken geht, in die er sich einzuhören habe, und nichts anderes in diesem Drama.

Vergeblich bemühen sich Hérault und Desmoulins Danton zu einem Vorstoß im Konvent gegen Robespierres Politik des Terrors zu bewegen.

Die 2. Szenze wird von der Stimme des Volkes beherrscht. Im Mittelpunkt steht der Streit zwischen dem betrunkenen Simon und dessen Frau. Diese Szene vermittelt, zu welchen ‚Theater' das Leben geworden ist, zu welchem Jux, in den das Mordgeschehen als Spiel hineingenommen und in seiner Wirkung und Wirklichkeit gar nicht überschaut wird. Totschlagen ist die Devise. „Totgeschlagen, wer kein Loch im Rock hat! Totgeschlagen, wer lesen und schreiben kann!" (I, 2; S. 10)

Diese Volksszene bildet mit der voraufgegangenen eine Einheit, in der das Agonie-Stadium der Revolution mit seinen falschen Parolen, dem übersteigerten Blutrausch, dem hohlen Pathos, seiner aus Angst geprägten Verblendung und in seiner fatalen Beschleunigung transparent wird. Penzoldt nennt diese ersten Szenen „einen Modellfall handlungsgebärender, plastischer Expostion: ihr dramatisches Eigenleben und ihre dramatische Funktion im Hinblick auf den Fortgang des Stükkes sind völlig ineinander verschmolzen." [58]

Im Jakobinerclub beschwert sich ein Lyoner Abgesandter, daß Robespierre nicht drastisch genug gegen die Feinde der Re-

---

* zitiert wird aus dem dtv-Band. Dabei geben die römischen Zahlen den Akt, die arabischen die Szenen an.

58) G. Penzoldt, S. 24

40

publik vorgeht. Robespierre verlangt das Wort. In seiner Rede setzt er die Drohungen fort, die er vor der Volksgruppe zuvor ausgesprochen hat. Er nennt keinen Verdächtigen, versichert aber, nur auf einen Aufruf von außen gewartet zu haben, um gegen die Verräter losschlagen zu können:

„Ihr werdet mich leicht verstehen, wenn ihr an Leute denkt, welche sonst in Dachstuben lebten und jetz in Karossen fahren und mit ehemaligen Marquisinnen und Baronessen Unzucht treiben." (I, 3; S. 14) - „Sagt euren Brüdern zu Lyon: das Schwert des Gesetzes roste nicht in den Händen derer, denen ihr es anvertraut habt! - Wir werden der Republik ein großes Beispiel geben." (I, 3; S. 15)

Robespierre weiß sicher, wen er meint: Seine versteckte Drohung ist gegen Danton gerichtet. Während dieser sich bei Marion, einem leichten Mädchen, aufhält, versuchen Paris und Lacroix ihn zu warnen. Danton, so scheint es, sieht nicht die Gefahr, die ihm droht. Im Gegenteil: Er scheint das Ganze als „Spiel" aufzufassen. In Wahrheit hat er aber die Bilanz seines Lebens bereits gezogen. Sein Blick ist den kommenden Ereignissen vorausgeeilt, von ihrem Ende her will er den Gang der Dinge beschleunigen. Er weiß, „er war das Werkzeug des Schicksals, und das Schicksal zerbricht das Werkzeug, dessen es sich bedient hat." [59]

Mit der 6. und letzten Szene des 1. Aktes könnte das gesamte Drama beendet sein. Danton und Robespierre kreuzen die Klingen. Dantons Waffe ist eine beißende Ironie, ein bis zum äußersten getriebener Spott. Dahingegen versucht Robespierre, eine kühle, strategisch-ideologische Haltung einzunehmen. Der Unterschied zwischen beiden ist kraß, und der Vergleich fällt zuungunsten Robespierres aus. Danton, unideologisch wie nur einer, vermag dennoch seinen Sätzen politisches Gewicht und Wahrheitsgehalt zu verleihen, die sich hoch über Robespierres ideologisierende Klapperargumentation erheben:

---

59)   C. David in: W. Martens, S. 332

Danton.	Wo die Notwehr aufhört, fängt der Mord an; ich sehe keinen Grund, der uns länger zum Töten zwänge.
Robespierre.	Die soziale Revolution ist noch nicht fertig; wer eine Revolution zur Hälfte vollendet, gräbt sich selbst das Grab. (I, 6; S. 20)

Dantons Spitzen heben auf die Unbestechlichkeit, die Anmaßung und das heuchlerische Sendungsbewußtsein Robespierres ab. Robespierre fühlt sich ertappt, in seinem Selbstbewußsein erschüttert. Er flüchtet sich in die Kleinkinder-Gebetsformel: „Mein Gewissen ist rein." (I, 6; S. 20)

Sehr nahe kommen sich Dantons und Robespierres Einsichten in dem von dem Blutmessias geführten Monolog, nachdem Donton ihn verlassen hat: „Keine Tugend! Die Tugend ein Absatz meiner Schuhe! Bei meinen Begriffen! - Wie das widerkommt! Warum kann ich den Gedanken nicht loswerden? (...) Ich weiß nicht, was in mir das andere belügt." - Die Nacht schnarcht über der Erde und wälzt sich im wüsten Traum. (...) Ist nicht unser Handeln wie das im Traum, nur deutlicher, bestimmter, durchgeführter? (...) Die Sünde ist im Gedanken. Ob der Gedanke Tat wird, ob ihn der Körper nachspielt, das ist Zufall." (I, 6; S. 22)

Es ist ein blinder Zufall, daß Robespierre über Dantons Leben und Tod zu entscheiden hat. Aber während Danton auf das Handeln verzichtet, muß Robespierre seinem Zwang folgen und gemäß **seiner** Bestimmung handeln. Einen letzten Impuls dazu gibt ihm St. Just. Im Augenblick seiner schwankenden Gedanken und anfälligen Stimmung unterbreitet ihm der Chef-Ideologe der Revolution eine Zeitungsglosse, die Camille Cosmoulins, Robespierres Jugendfreund, verfaßt hat. Auch Robespierre ist die Marionette, an Fäden geführt. Man spürt sein furchtsames Zittern im Augenblick seiner Entscheidung, man spürt seinen Wunsch, alles ungeschehen zu machen oder alles schon geschehen sein zu lassen. (I, 6; S. 24)

Wieder allein, erschauert Robespierre vor der Wirklichkeit. [60]

---

60) G.P. Knapp in DD/92, S. 590, der von der „Gespaltenheit" Robespierres spricht, den die „Selbstentfremdung" stark beunruhigt.

Es gibt kein Zurück mehr. Mit seinem Entschluß, zu töten, kann er seinen eigenen Schicksalsweg nicht aufhalten. Er erblickt auch seinen Abgang im Voraus. Seine letzten Worte in diesem Auftritt gelten voller Erschütterung seinem Jugendfreund Camille und sich selbst. (I, 6; S. 24)

2. Akt

In diesem Akt und in den beiden weiteren die Schritte Dantons unerbittlich zum Schafott gelenkt. Sein Tod erschließt sich uns immer mehr als eine absolute, freiwillige und reflektierte Selbstaufgabe; er wird nur von fremder Hand ausgeführt. Dantons Tod ist tatsächlich dessen eigener, die begleitenden Fremdumstände haben nur sehr wenig mit ihm zu tun. Es kommt zu einer unaufhaltsamen Verzahnung der äußeren Positionen, die Dantons Gang zum Blutgerüst fixieren, und der Gedankenbewegungen des Revolutionshelden, zu einer vollkommenen Kongurenz des von ihm Vorausempfundenen und Gewollten sowie des von St. Just und Robespierre Inszenierten. „Das immer tiefere Ausloten der Existenz bestimmt die dramatische Ordnung, nicht das Fortschreiten in Zeit und Raum." [61]
Mit dem Eintritt in den 2. Akt bereits gewinnt Dantons Selbstreflexion eine neue Dimension: dem ‚Spiel‘, dem provozierten Ernstfall, der Koketterie mit dem Tode - letztlich abgesichert durch das unerschütterliche Selbstvertrauen in seine Verdienste, „sie werden's nicht wagen" - folgt die Selbstaufgabe, das Empfinden lebenstötender Langeweile und absoluter Gleichgültigkeit. (II, 1; S. 25)
Die September-Erinnerungen bleiben Traum und Trauma. Seine Trägheit, Langeweile und Gleichgültigkeit erfahren ihren Höhepunkt in der Szene ‚Freies Feld‘ (II, 4; 31/32) Danton steht dort allein in der Welt der Stille. Grabesruhe, die erwünschte und geheim gefürchtete, umgibt ihn. Er überantwortet sich in einer einsamen Entscheidung dem Tode.
Die Ängste, die September-Stimmen und die September-Bil-

---

61) H. Ritscher, S. 29

der bedrängen und überwinden ihn, als er sich ruhelos darauf in seinem Zimmer befindet. Viermal rekapituliert Danton das erinnerungsschwere Wort: September. Julie, seine Frau, fürchtet um seinen Verstand. Sie unterstützt ihn in seiner tastenden Rekonstruktion der Ereignisse. Danton leitet die Rechtfertigung seines damaligen Tuns als ‚Notwehr' her. Eine Entscheidungsfreiheit aber war ihm genommen. Der Zwang kam von außen, von dunklen, unbestimmbaren Mächten: „Puppen sind wir, von unbekannten Gewalten am Draht gezogen; nichts, nichts wir selbst." (II, 5; S. 33) In dieser Gewißheit findet er, für Augenblicke wenigstens, seine Ruhe.

Diese menschlich erschütternden und würdevollen Szene folgt als scharfer Kontrast der Auftritt des Pöbels, der sich auf dem Wege zu Danton befindet, um ihn zu verhaften. Der Gruppe ist der Sinn ihres Tuns nicht klar. Ihre hochtrabenden Parolen entwerten sich selbst in den zotenhaften Bemerkungen. Dieser Auftritt leitet über zur Versammlung der Deputierten im Nationalkonvent, vor denen St. Just seine Theorien entwickelt. Büchners großartiges Gespür für dramatische Wirkung, seine Sicherheit in der Beherrschung der dramaturgischen Möglichkeiten stehen in diesem Aufeinandertreffen extremer Lebensauffassungen sehr eindrucksvoll für sich allein. Was weiß die Menge von Dantons Gedanken, wo nähern sich auch nur im entferntesten St. Justs staatsphilosophische Überlegungen dem, was das Volk unter ‚Revolution', ‚Ehre und Vaterland' versteht, wo ist eine Brücke von Dantons selbstquälerischer Reue und Menschlichkeit zu St. Justs wirklichkeitsfremder Idee der Weltrevolution? - In diesem Stadium der Revolution, das wird mit eindrucksvoll in Szene gesetzer Sprache dreifach verdeutlicht, führen die Wege nicht mehr zueinander. Jeder ist für sich allein, die Ideologien der Revolution verselbständigen sich.

St. Just erhält für diesen Abschluß seiner Rede rauschenden Beifall. Die kühle Logik und die kunstvolle Sprache sind überzeugende Argumente. Ein zweites Mal leistet St. Just einen entscheidenden Beitrag; nunmehr, nach Robespierre, der sich zum Verwirklichen der ‚reinen Vernunft' aufgerufen fühlt, erliegen die Abgeordneten der zwingenden Demagogie. Es fällt nicht schwer einzusehen, daß Danton gegenüber dieser Wertekonstellation dem Leben entsagen will, das er nicht mehr versteht, „weil er es verstanden hat." [62] St. Justs Weltanschauung kommt vom anderen Extrem, sie steht im äußersten Gegensatz zu Dantons Verzweiflung. Trotz ihrer Unvereinbarkeit sind beide Haltungen auf einem metaphysischen Hintergrund anzusiedeln, nur in einen Fall als schmerzliche Not und Ungewißheit, im anderen als ideologische Unangefochtenheit. „Der Absurdität der Existenz dort steht eine andere Sinngebung hier gegenüber. Der Mensch ist nicht mehr gedemütigte Marionette, sondern auserwähltes Werkzeug. Die Zukunft, für Danton ein leerer Begriff geworden, bricht für St. Just herein als leuchtender Menschheitsmorgen." [63]

3. Akt

Die Szenen dieses Aktes spielen sich zwischen Gefängnis und Revolutionstriunal ab. Die Dantonisten sind gefangen. Eingangs der 1. Szene erleben die Zuschauer sie in einem lebhaften Gespräch über die Existenz Gottes. Der Wortführer im Gefangenensaal ist Payne, ein Gottesverächter, der durch logische Gedankenführung versucht, die Ungewißheit, Gewissensqualen und tiefen Zweifel seiner Mitgefangenen Chaumette, Hérault und Mercier zu zerstreuen (III, 1; S. 38/39). Sein Bemühen, ihnen klarzumachen, daß der Mensch als Individuum außerhalb jeglicher Normen und Ordnungen in einem variablen Wertesystem ohne Gott lebt, scheitert. Die Angesprochenen können diese Weltsicht nicht auf ihr eigenes Leben übertragen. Das Streitgespräch ohne Ausgang wird unterbrochen, als Danton zusammen mit Lacroix, Philippeau und Desmoulins hereingeführt wird. Schlichte Menschlichkeit tritt jetzt an die Stelle unergiebigen Eiferns. Danton besitzt vor dem Revolutionstribunal immer noch eine große Ausstrahlung, so daß der öffentliche Ankläger Fouquier-Tinville und der Präsi-

62) P. Szondi in: J. Schillemeit (Hg.), S. 256
63) W. Martens, S. 431

dent Herman in ihrer Sorge, wie Danton endgültig und mit Sicherheit auszuschalten sei, ihre Absichten skrupellos und durch taktische Winkelzüge absichern. Danton soll möglichst gar nicht allein zu Wort kommen. (III, 2; S. 42) -

Dantons Auftritt bringt dann die von den Freunden erhoffte Erschütterung, und die gefährliche Wirkung seiner Worte im Konvent scheint Aussicht auf eine Wende zu versprechen (III, 4; 43/44)

Ritscher unterstreicht, wie sehr in dieser Szene alle Wirkung von der gewichtigen Geschlossenheit Dantons ausgeht, von einer Persönlichkeit, aus deren ungeschminkter Rede ihr Naturell am lebendigsten wird.[64]

Allein die Rede verfolgt nicht die Absicht, das Tribunal umzustimmen. Danton hat es nicht nötig, sich vor diesem weltlichen Gericht freizusprechen, zumal vor einem Gericht, das nicht im mindesten an die Größe und Lauterkeit seines Gewissens heranreicht. Nur dieses ist seine Autorität, der es sich zur Wahrheit verpflichtet und Rechenschaft abzulegen berufen fühlt. Seiner Verachtung des Tribunals stützt sich auf seinen Ehrbegriff, der von den Männern hinter den Schranken in den Schmutz getreten wird, und erhält ihre Berechtigung aus der absoluten Unantastbarkeit seiner Moral. Der aufkommende Beifall signalisiert, daß Danton die Männer des Tribunals beeindruckt hat. Herman unterbricht die Sitzung und setzt einen weiteren Termin für die Verteidigung an. Danton benötigt keinen weiteren Termin. Aus seiner Sicht wird er bald dort sein, wo sein Platz ihm bestimmt ist: „Jetzt kennt ihr Danton - noch wenige Stunden, und er wird in den Armen des Ruhmes einschlummern!"„ (III, 4; S. 44)

Den zögernden Männern des Wohlfahrtsausschusses tritt St. Just entschlossen entgegen. Abermals setzt seine Gabe, rasch und geschickt mit Worten zu taktieren, Positionslichter auf Dantons vorgezeichnetem Weg unter das Fallbeil. Collot, Billaud und Barère teilen St. Justs Handlungsbereitschaft, wenngleich auf einem weit niedrigeren Niveau. In ihren Worten erscheint die vollkommene Entleerung des Lebens von allen sittlichen und moralischen Wertbegriffen. (III, 6; 48)

64) H. Ritscher, S. 64

Verhöre und die Qual des Gefangenseins in der Gewißheit des Todes haben an der Substanz der Männer um Danton gezehrt. Je näher sie der Todesstunde kommen, desto größer ist die Unruhe, die sie befällt. Das theoretische Philosophieren über den Tod und das Nichts erweist sich in dieser letzten Stunde als überflüssig. In den Gesprächen konkretisiert sich die Vorstellung vom Tod in der Gestalt nackter Gewalt. (III, 7; S.50) Danton wird von der unaufschiebbaren Realität eingeholt. Seine Wünsche, tot zu sein, weichen Unsicherheit und Angst. Jetzt, da er der Todesstunde so nahe ist, erkennt er, wie vorher im Leben, nunmehr im Sterben keinen Sinn. (III, 7; S. 50). Danton ist entschlossen, sich sein Leben noch einmal zu erkämpfen: „Ich kann nicht sterben, nein, ich kann nicht sterben. Wir müssen schreien; sie müssen mir jeden Lebenstropfen aus den Gliedern reißen." (III, 7; S. 51)

Der 3. Akt geht zuende mit Dantons Todesurteil, das von der Menge ausgesprochen wird, von derselben Menge, die ihm zuvor zugejubelt und das Tribunal erheblich in seiner Sicherheit erschüttert hat. Danton hat das Volk in seiner letzten Verteidigungsrede noch einmal überzeugen, mitreißen, wie früher faszinieren können. Seine Rede ist nicht die eines Mannes, der sich zu verteidigen hätte; er selbst greift den Wohlfahrtsausschuß hart und ohne jegliche Verbrämung an. Mit dem Mut der Verzweiflung und einem Haß, der alles retten oder alles vernichten kann, geht Danton in seiner Anklage bis zum Äußersten. Er wird gewaltsam abgeführt.

Doch aus den Hochrufen auf Danton werden die Rufe nach siner Vernichtung. Das Volk wägt ab: Danton, sein aufwendiger Lebensstil, seine begehrenswerte Frau, sein Prassen, sein ausschweifendes Leben. Und „was hat Robespierre?" (III, 10; S. 53) Eher zu dessen tugendhaftem Leben sich bekennen als zu den Lastern, die derselbe Danton, der sie täglich lebt, vor ihnen verworfen hat. Das ist Lüge, das ist Verrat. Die Stimmung kehrt sich um: „Es lebe Robespierre! Nieder mit Danton! Nieder mit dem Verräter!" (III, 10; S. 53)

Dieser 3. Akt wird beherrscht von den Zweifeln der Dantonisten, der tückischen Schläue der Subalternen von Robespierre, der genialischen Rede- und Verführungskunst eines

St. Just, von den gemeinen und zynischen Mordhelfern, von einem zwischen Hoffnung, Verzweiflung und Todesangst sich aufbäumenden Danton. Die hohen Ideale der Revolution sind zwischen Kerker und Tribunal über Bord geganen. Der Schatten Robespierres droht. Aber auch er hat selbst, und da zuerst, in den eigenen Reihen erheblich an Autorität verloren. Seine Schwäche ist ebenso offenkundig wie seine tugendhaft ummäntelte Lebensscheu; sein blindes Preisen der Vernunft ebenso beklagenswert wie verräterisch.

4. Akt

Julie spricht das Endgültige aus: „Es ist aus. (...) Ich habe ihn zum letzten Mal gesehen." (IV, 1; S. 53)
Dantons Aufschrei seiner letzten Rede ist wieder die beinahe gefaßte Ruhe unter den Freunden gefolgt. Jetzt sind alle Zweifel, Ängste und trügerischen Hoffnungen dahin. Die Gespräche umkreisen das Leben, den Tod, die Revolution. [65]
Der Schließer kommt, um sie zu ihrer letzten Fahrt aufzufordern. Die errregten Gespräche sind beendet. An ihre Stelle tritt Wärme. Ein letztes Mal suchen die Freunde Körpernähe zum Schutz und zum Abschied. Nur die gemeinsame Leiderfahrung bringt das Mitleid und die brüderliche Liebe hervor, durch die das Ende erträglich bleibt. Die Freunde versuchen zu scherzen, die Situation zu überspielen. Der Pöbel verspottet die Vorbeifahrenden, Worte wechseln. Die Männer sagen sich ein ‚Adieu'. Wie zum Beginn des 1. Aktes als erstem gibt Büchner Danton jetzt als letztem das Wort. Dem Henker, der Hérault zurückstößt, als dieser Danton umarmen will, ruft er zu: „Willst du grausamer sein als der Tod? Kannst du verhindern, daß unsere Köpfe sich auf dem Boden des Korbes küssen." (IV, 7; S. 62)
Büchner verzichtet in diesem 4. Akt auf alle Quelleneinfügungen. Er gestaltet aus sich selbst. Trotz der Vernichtung Dantons und seiner Anhänger enthält dieser Akt versöhnliche, ermutigende und tröstende Akzente. Dies insbesondere durch

---

65) In der Literatur bekannt als „Philosophiegespräch"

die beiden Frauen, deren Liebe und Teilnahme das Chaos der letzten Stunden erhellt. Wie selbstverständlich geht Julie ihrem Mann voraus in den Tod, ebenso folgt Lucile dem ihren. Penzoldt befindet treffend: „Und so, wie er in seinem Danton nie müde wird, durch das ganze Stück hindurch, in fortwährenden Variationen, deutlich zu machen, daß es dem Volk am nötigsten mangelt, daß man ihm Brot geben muß, statt es mit sensationellen Hinrichtungen abzuspeisen, sucht er auch, als guter ärztlicher Helfer, für eine stille Sekunde die Hand auf die Stirn des todgeweihten Patienten zu legen." [66]

* * *

Büchners Dramen sind keine Lesedramen. Das muß man immer wieder klarstellen, wenn ihre Wirkung beurteilt werden soll. Auf den vorhergehenden Seiten konnten lediglich einige wenige inhaltliche und formale Gesichtspunkte des Dramas hervorgehoben werden. Die Intention dieser Schrift setzt zuweilen die Forderung nach drastischer Beschränkung. Somit müssen die dramaturgischen Charakteristika (Kontrastierung / Zerfall der Handlung ins Statische / Hervortreten des Monologischen), die äußerst funktional vorgenommen sprachlichen Abstufungen und die subtilen Nuancierungen vom Leser weitestgehend eigenständig rezipiert werden. Keine noch so detaillierte Inhaltsangabe, keine noch so feinsinnige Strukturanalyse und Deutung allerdings können das Erleben einer guten Inszenierung des Dramas ersetzen. Zu diesem Verhältnis soll im Kapitel ‚Nachlese‘, noch etwas gesagt werden.
Unter den in Kapitel 1 angerissenen Ausgangsüberlegungen soll jetzt in der gebotenen Kürze das Wesentliche zu der Bedeutung des Dramas als anderes Medium in Büchners sozialkritscher Kampfansage an die Gesellschaft zusammengefaßt werden:

---

66) G. Penzoldt, S. 61

1. Büchner überträgt die Französische Revolution auf die hessischen Ereignisse und Erfahrungen.

2. Er gestaltet die Nöte und Forderungen des Volkes; damit enthält das Drama unwiderlegbar seine politische Komponente.

3. Die Fakten stehen hinter den Reflexion zurück.

4. Damit löst Büchner den Blick von den eigentlichen Vorgängen mehr und mehr ab; sie werden Kulisse für das psychologische Drama in Danton.

5. Mit dieser Reduktion tritt die Wirklichkeit hinter eine Idee zurück, die aber immer wirklich bleibt.

Ausgangspunkt für die Deutungen dieses Dramas und für Büchners Weltauffassung ist in den meisten Fällen sein vielleicht berühmtester Brief an seine Braut. In der Literatur wird er der ‚Fatalismus-Brief‘ genannt. Alle Deutungsschemata stützen sich auf den beinahe fatalen Satz: „Ich fühle mich wie zernichtet unter dem gräßlichen Fatalismus der Geschichte." [67]
Jancke weist sehr genau am Wortlaut des Briefes nach, wie bedenkenlos die Büchner-Forschung immer wieder gerade den Begriff ‚Fatalismus‘ ohne Beachtung der kulturgeschichtlichen Kontextgebundenheit und ohne die Beachtung einer Bedeutungsverschiebung tradiert hat. [68] Rückschlüsse auf den „Fatalisten" oder „Deterministen" Büchner allein aus diesem Text zu ziehen, ist im höchsten Maße fragwürdig.
Büchners ‚politischer‘ Standort in diesem Text wird erklärbar in der von ihm gewählten und in der Persönlichkeit Dantons problematisierten Thematik der ‚Identität‘. Sie entspricht ganz der, die er in seinen Jugendjahren angesprochen und in seinem ‚Hessischen Landboten‘ unter dem Aspekt der Freiheit aggressiv unter das Volk gebracht hat. Aus seinem vertieften Geschichts- und Persönlichkeitsbewußsein gelangt Büchner mit ‚Dantons Tod‘ zu einer andersgearteten Aussage, ohne darum seinen Kampf gegen die Unterdrückung der menschli-

---

67) G. Büchner, S. 102 (dtv)
68) G. Jancke, S. 125

chen Freiheit aufzugeben. Der ‚Danton' enthält unübersehbar seine klassenkämpferische Komponente in der von Büchner durchgängig dargestellten Konfliktrealität, worin der einzelne seinen Überlebenskampf gegen andere führt. Die Gesellschaftskritik erscheint allerdings sekundär, denn für Büchner drängt sich die Tatsache hervor, daß sich das Individuum in einer beständigen Anstrengung befindet, das eigene Ich zu ergründen und emanzipatorisch auszuformen. Diese Notwendigkeit erwächst ihm aus seinem Dasein mit den sozialökonomischen Bedingungen, denen es unterworfen ist. Dasein und soziale Befindlichkeit aber entstehen und stehen in der ‚Geschichte'. In dieser muß der Mensch seine Verlorenheit erfahren. Die menschliche Existenz ist permanent gefährdet.

In diesem Drama behaupten sich die Gegensätze zuallererst in den Charakteren. **Danton - Robespierre - St. Just** repräsentieren mit ihren gegensätzlichen Lebensauffassungen und so unterschiedlichen Charaktereigenschaften ihre Klassenzugehörigkeit einerseits, ihre Verstrickung im Sinnlosen andererseits. Ihre außerordentlich scharf profilierte Individualität verstärkt den Ausdruck ihrer Isolation. Büchner verwirklicht seine Maxime, nur durch die Nachbildung der Wirklichkeit künstlerisch wahrhaftig und überzeugend zu sein. Danton und seine Anhänger vertreten eine liberale Gesellschaftsauffassung. Ihre philosophische Weltsicht ist von Resignation, Müdigkeit, sattem Überdruß und Langeweile gekennzeichnet. Sie sind nicht in der Lage, ein klares politisches Programm zu artikulieren, das in Übereinstimmung mit dem eigenen Gewissen und der Gesinnung auf die gesellschaftlichen Verhältnisse übertragbar wäre. Sie verhalten sich passiv als Vertreter einer Bürgerlichkeit mit stark hervortretenden aristokratisch-dekadenten Zügen. Sie sind, was die Revolution angeht, welt- und lebensabgewandt. Daraus erwachsen ihre, namentlich Dantons, menschliche Überlegenheit und Sympathie. Sie können letzlich dieser Welt nur mit Zynismus und dem Gelächter der Verzweiflung begegnen.

Robespierre operiert mit seinem idealistischen „Tugendrigorismus [69] für das Volk einsehbarer, seinem Kontrahenten gegenüber politisch-strategisch konsequenter und überzeugender. Er knüpft seine Ideologie an das Bewußtsein der Massen von ihren Bedürfnissen [70] und erkennt ihre Belange als seine eigenen an, „gesellschaftliche Prozesse auf der Basis des an die persönliche Arbeitskraft gebundenen Eigentums" reguliert zu sehen. Robespierre dient dem Volk in der ihm eigenen persönlichen Enthaltsamkeit und Bedürfnislosigkeit, ebenso in der Bereitschaft ihm Opfer zu bringen. Darin liegt seine Lauterkeit, aber auch sein eigenes Verhängnis.

Dantons entschlossenster Gegenspieler ist St. Just, er darum auch sein gefährlichster. Seine Philosophie ist der Dantons an Systematik überlegen. Als absoluter Anhänger einer Philosophie, die Gewalt und selbst den Verlauf der Geschichte aus der Naturgesetzlichkeit legitimiert, empfindet er sich positiv als selbst zum Handeln befähigtes und aufgerufenes Glied der Menschheit. Er ist der intelligente, überaus skrupellose Drahtzieher, der sich selbst eines Robespierres als Strohmann zu bedienen weiß. Seiner Dialektik und Kunst der Rhetorik ist niemand gewachsen. Seiner Biografie entnimmt Büchner getreu die charakteristischen Züge des kalten Demagogen und demonstriert die Gefährlichkeit eines Ideologen, der negative Erfahrungen des Lebens lediglich als Waffe einbringt und ausnutzt, um zu beweisen, „wie leicht Menschen bereit sein können, sich einem einzigen zu beugen. [71]

Danton bemüht sich ebenso verzweifelt wie vergeblich, seine zerbrochene Existenz neu zu formen. Er verdrängt schließlich die September-Taten und schreibt sie einem nicht definierbaren und nicht faßbaren ‚Muß' zu. In dieser Position Dantons sieht Jancke das Ausmaß der Tragödie: „Für Danton ist die Geschichte, sei es als Ergebnis großer Taten der Geschichts-Heroen oder anonymer Mächte, der Bereich herausgehobener Ereignisse und Vorgänge, der streng geschieden ist von der Routine des täglichen Lebens. Unter der Erkenntnis der Fatali-

---

69) F. Faßen, S. 249
70) Das kommt bei seinem ersten Auftritt (I,2), einer der sehr lebendigen „Volksszenen", und den weiteren besonders zum Ausdruck (II,2 - III,10 - IV).
71) P. Sethe, S. 217

tät verliert Danton seine Authentizität in der Geschichte, die er in der täglichen Routine erst recht nicht findet. Diese Trennung von Subjekt und Objekt zerreißt das Individuum und entwertet die Realität zum absurden Koloß der Geschichte (...)" [72]

Indem Büchner die historischen Details verknüpft und ihre Polaritäten enthüllt, dokumentiert er einen Ausschnitt ‚Welt‘ des Bedrohtseins, des Geworfenseins, der Angst, der Verzweiflung, der Leere und Sinnlosigkeit. Damit ist auch die Revolution aus seinem Verständnis ein unwirksames Instrument, die Realität zu verändern oder die Geschichte zu beeinflussen.

Alle beide, schreibt Claude David, „Danton und Büchner, stehen im inneren Widerspruch, indem sie an ihrer ‚guten Sache‘ festhalten, zugleich aber deren Aussichtslosigkeit auf lange Zeit erahnen. Durch Dantons Niederlage wird sein Glaube an die gute Sache nicht etwa beeinträchtigt, sondern vielmehr gerechtfertigt und überhöht." [73]

4.3.2 Lenz - Leid und Wahnsinn

Die Problematik des fundamentalen Gegensatzes zwischen Naturleben und gesellschaftlicher Ordnung ist im **‚Lenz‘** intensiv thematisiert. Für den Dichter Lenz wird dieser Gegensatz unaufhebbar. Seine verzweifelten Bemühungen, dem Schicksal in den Rachen zu greifen, enden im Schauer metaphysischer Ängste und im Wahnsinn. Lenz erkaltet seelisch. Diesen Vorgang stellt Büchner dar „als Beschreibung einer langsamen und unaufhaltsamen Versteinerung" [74], wie Mayer schreibt. Lenz Vereinsamung vollzieht sich stufenweise:

1. Er fühlt sich fremd in der Natur, er ist ihr ausgeliefert -

2. Er ist fremd unter den Menschen, ohne Kommunikation -

3. Lenz verliert den Glauben an die innere Ordnung der Natur, damit den Glauben an den Sinn und die Existenz überweltlicher Ordnungen überhaupt.

72) G. Jancke, S. 233
73) C. David in: W. Martens, S. 333
74) H. Mayer, S. 283

Büchner ist gegenüber seinem ‚Danton' in seiner Weltsicht erheblich weiter. Er formuliert nicht mehr allein die Sorge um den Menschen in seiner Geschichtlichkeit, vielmehr gerät „die Sorge um den Sinn der Gesellschaft (ihm) zur Frage nach dem Sinn der Natur und menschlichen Existenz schlechthin." [75]Gegenüber dem ‚Danton' beschreitet Büchner den Weg einer neuen, ‚ehrlichen' Ästhetik, die vom Menschen ausgeht und zu ihm zurückführt. Damit durchbricht er die traditionellen Auffassungen von Kunst und dem Künstlerischen auf dem Hintergrund seiner philosophischen und anthropologischen Fragestellung. „Der Metaphysik der Sinnlosigkeit" [76] eines Danton folgt Lenz, allerdings in seinem ergreifenden Bemühen, im Gegensatz zu Danton, seiner Umwelt Sinn zu verleihen, ohne dem Spaltungsprozeß von Objektwelt und Subjektwelt letzlich begegnen zu können. Während Jancke diesen Zerfall etwas eng auf den „objektiven Zustand der Gesellschaft, auf ihre ökonomische und soziale Struktur" [77] zurückgeführt sieht, muß in dieser Erzählung sicherlich auch das interne Genieproblem, die enge Beziehung von Genie und Wahnsinn, ohne konkrete Reduktionselemente auf Gesellschaftszustände, mit gesehen werden. Lenz' Verdämmern im Wahnsinn resultiert schließlich auch aus einer beträchtlichen psychischen Labilität des Genialischen.

Büchner hat die Symptome der Krankheit und ihren Verlauf richtig erkannt und nach Ansicht der modernen Neurologie exakt dargestellt, wie neuere Untersuchungen bestätigen. [78]

Büchner schreibt den ‚Lenz' zwischen ‚Dantons Tod' und dem ‚Woyzeck'. Er ist das einzige dichterische Prosawerk des Dichters. Trotz seiner hervorragenden Bedeutung innerhalb der erzählenden Literatur Deutschlands ist das Werk verhältnismäßig unpopulär. Angesichts der nur zögernden Erschließung des dichterischen Gesamtwerkes ist allerdings die Zahl spezieller Studien jüngeren Datums beträchtlich, namentlich unter besonderer Berücksichtigung der formalen sowie psy-

---

75) H. Mayer, S. 285
76) G. Jancke, S. 233
77) G. Jancke, S. 234
78) vgl. G.P. Knapp, S. 143

chologischen Spezifika. [79] Johann nennt den ‚Lenz' „einen Edelstein" der deutschen Literatur, zu Unrecht jahrzehntelang vergessen. [80] Ein vertieftes Eingehen auf Einzelfragen zur ‚Form', zum Verhältnis ‚Raum und Bewegung', Betrachtung der subtilen psychologischen Vorgänge unter dem interessanten Aspekt einer ‚Textproduktion von Schizophrenen' (Lenz) oder auf die oft in der Literatur ausgesprochene ‚Wahlverwandtschaft' zwischen Lenz und Büchner schließt sich im Rahmen dieser Darstellung aus. Eines der am häufigsten diskutierten Probleme ist das der Form.

Der „Lenz" gilt als „Novelle", wobei die Verwendung dieses Gattungsbegriffes umstritten ist, da das Werk die formalen Kriterien einer Novelle nicht erfüllt. [81] Weitestgehend wird der ‚neutrale' Terminus ‚Erzählung' verwendet; auch im folgenden wird der Text als ‚Erzählung' verstanden.

Das Jahr 1835 ist für Büchners Werden und Schaffen ein bedeutsames Jahr. Dem Kriesenjahr folgt ein Jahr des Freierwerdens, einer vorübergehenden Stabilisierung der körperlichen uns seelischen Kräfte, so daß sich bereits im ‚Lenz' der ‚neue Büchner' mit einer „neuen politischen Bilanz" vorstellt. [82]

Nach seiner Flucht nimmt Büchner auch aus der Entfernung regen Anteil an den politischen Vorgängen in Deutschland. Er enthält sich jedoch jeder politischen Aktivität. Seine intensiven Studien weisen auf eine wissenschaftsorientierte Zukunft hin. In dieser Zeit fällt Büchners Auseinandersetzung mit dem Dichter Jakob Michael Reinhold Lenz. Er hat Pläne für eine Veröffentlichung. [83] Das Schicksal des Dichters hat Büchner sofort und sehr intensiv beschäftigt. Es ist mit großer Wahrscheinlichkeit das Interesse an einer Person aus dem Umkreis des von Büchner verehrten Goethe, das zuerst geweckt ist, ehe der medizinisch-psychiatrische Sachverhalt ihn zu seiner Erzählung anregt. Sie wird in Büchners Nachlaß entdeckt. Auch Gutzkow hatte offenbar unklare Vorstellungen von dem, was Büchner zu schreiben beabsichtigte: „... so trug er sich

79) vgl. Literaturverzeichnis
80) E. Johann, S. 135
81) B.v. Wiese, S. 17
82) H. Mayer, S. 287
83) H. Mayer, S. 186

doch mit einem Lustspiele, wo Lenz im Hintergrund stehen sollte ..." [84] Er prägt mit der Veröffentlichung das Charakteristikum ‚Fragment', das sich auch hartnäckig in der Forschung gehalten hat, ehe es als „abgeschlossene Erzählung mit einigen offensichtlichen Lücken" akzeptiert wird. Für Benno von Wiese ist der ‚Lenz' nur insoweit als ‚Fragment' zu kennzeichnen, als in ihm „... das Fragmentarische unabdinglich und gleisam organisch ist, zur dichterischen Form selber gehört. [85]

Auch der **Lenz** hat eine schwierige Entstehungs- und Editionsgeschichte, die erst mit Büchners 2. Straßburger Aufenthalt (1835/36) belegt wird. [86] Büchner ist sehr wahrscheinlich bei der Beschäftigung mit Lenz auf die Komödien, Briefe und ästetischen Schriften des ‚unglücklichen Poeten' gestoßen. Darauf weist eine im Wortlaut verblüffend ähnliche Textstelle aus J.M.R. Lenz' ‚Pandämonium Germanikum' in Büchners Erzählung. Büchners ästhetischen Auffassungen decken sich auch mit denen Lenz' in einem Absatz zum „Theater". Lenz schreibt: „(...) nach meiner Empfindung schätz ich den charakteristischen, selbst den Karikaturmaler zehnmal höher als den idealistisch, hyperbolisch gesprochen, denn es gehört zehnmal mehr dazu, eine Figur mit eben der Genauigkeit und Wahrheit darzustellen, mit der das Genie sie erkennt, als zehn Jahre an einem Ideal der Schönheit zu zirkeln, das endlich doch nur in dem Hirn des Künstlers, der es hervorgebracht, ein solches ist. (...) [87] Die Hauptquelle bilden die Tagebuchaufzeichnungen jenes Oberlin, die dieser Büchners Schwiegervater als Vermächtnis hinterlassen hatte. Oberlin selbst war ein Geistlicher, Pädagoge und Sozialhelfer im Zuge der philanthropischen Bewegung seiner Zeit ein hoch angesehener Mann, der durch praktische Rationalität seiner Gemeinde zu wirtschaftlichen Aufschwung verhalf, ein Geist, der gerade in der Verschmelzung eines unpathetischen Idealismus und hingebungsvollen Nächstenliebe auf Büchner im Nachhinein einen großen Ein-

84) K. Gutzkow in: W. Schlick, S. 18
85) B. v. Wiese, S. 106
86) Von Gutzkow angestoßen, etwas Literarisches für das Literaturblatt „Phönix" zu schreiben, befaßte sich Büchner mit dem ihm leicht zugänglichen Materialien Oberlin/Lenz. - Vgl. G. Schaub, S. 65
87) J. Jansen, S. 78

druck gemacht haben muß. Zu ihm geriet der ihm persönlich unbekannte Dichter Lenz im Winter 1778/79, empfohlen durch einen Herrn namens Kaufmann, der mit Oberlin befreundet war. Verstört durch enttäuschte Liebe, mußte sich Lenz in seinem Wesen derart auffallend und beängstigend schnell verändert haben, daß Oberlin die Beherbergung seines Gastes nicht länger verantworten und ihn in die fachliche Betreuung von Ärzten geben mußte.

Die Aufzeichnungen Oberlins sind lückenhaft. Sie sind nachträglich verfaßt als Beschreibung der wunderlichen Tatsachen und als Rechtfertigung seiner Entscheidung. Die sachlichen Aufzeichnungen setzen zu einem Zeitpunkt ein, als Lenz' oft rätselhafte Handlungsweise bereits deutliche Anzeichen steigender Depressionen und sich häufender Phobien zeigte.

Entgegen seinen ersten Überlegungen ändert Büchner seine Absichten. Anstelle eines Zeitschriftenartikels, anstelle der auch von Gutzkow erwarteten unterhaltenden Literatur, findet sich später die Erzählung in Büchners Hinterlassenschaften. Sie wird von seiner Braut abgeschrieben und an Gutzkow weitergeleitet. Auch hier verarbeitet Büchner personengebundenes Tatsachenmaterial, aber es dient nur insofern als Grundlage, als es ihm Gelegenheit gibt, über die Tatsachenebene hinaus allgemeingültige Ausssagen zu Problemen des Menschseins zu machen.

* * *

Am 20. Januar trifft Lenz nach langen Wanderstunden durch das Gebirge im Hause Oberlin ein. Oberlin hat Lenz nicht erwartet. Dennoch bittet er ihn zu Gast, das Gespräch am Abend verläuft in einer freundschaftlichen Atmosphäre. Oberlin kennt einige Dramen des Dichters, mit dieser ‚Identifizierung' schließt sich der Kreis das Vertrauten um den Fremden, der entspannt aus seiner alten Heimat, aus Livland, erzählt.

In der ersten Nacht aber erschreckt Lenz schon seine Gastgeber, als er sich mit lautem Platschen in den Brunnen außerhalb des Hauses stürzt. Er beruhigt die Familie, indem er das als seine Gewohnheit erklärt.

Beim Ausflug in die Umgebung am folgenden Tag verhält sich Lenz normal. Erst abends werden die Dinge und Gesichter des Tages zu qualvollen Alpträumen. Lenz stürzt sich erneut in den Brunnen. Oberlin ermutigt Lenz, der seine theologischen Studien abgeschlossen hat, zu einer Predigt. Lenz übernimmt die Aufgabe gern und bereitet sich ruhig vor. Doch Träume, ausgelöst durch die vertiefte Lektüre der Bibel und durch den Anblick des Friedhofes, beunruhigen ihn sehr. Er gesteht Oberlin am Morgen, daß ihm im Traum seine Mutter erschienen ist. Oberlin versucht, den Aufgebrachten zu beschwichtigen, doch Lenz glaubt, ‚der Geist des Wassers' sei über ihn gekommen. Verstört vertieft er sich in die ‚Apokalypse'. Die Unruhe bleibt, ein erster Einbruch seiner seelischen Krankheit, stellenweise sehr vehement, stellt Lenz bereits außerhalb der Normalität.

Ein weiterer Schritt in die geistige Verwirrung wird durch den Besuch Kaufmanns ausgelöst. Man unterhält sich über ‚Kunst'. In dem Gespräch, das Lenz beinahe ausschließlich führt, voller Dynamik und bei ungetrübtem Bewußtsein, versucht er den natürlichen Gleichklang von ‚Kunst und Natur' zu erläutern. Die Tischgesellschaft folgt seinen Gedankengängen nicht. Als Kaufmann gar vorschlägt, Lenz solle zu seinem Vater zurückkehren, da dieser ihn brauche, reagiert der Dichter sehr heftig. Er sieht seine Ruhe genommen. Fort von Oberlin, das bedeutet ‚Tollheit'. Lenz ist hier offensichlich noch in der Lage, sein subjektives Empfinden von Wohlsein in Oberlins Umgebung wahrzunehmen, es gegenüber den Zwängen jener Umgebung, die er verlassen hat, abzugrenzen. Den Grad seiner Verstörung nimmt er aber nicht wahr.

Am 26. Januar tritt Oberlin eine Reise zu Lavater in die Schweiz an. Lenz soll ihn zwischenzeitlich auf der Kanzel vertreten. In diesen Zeitraum fällt ein bedeutsames Ereignis. Lenz erfährt vom Tod eines Mädchens aus dem Nachbardorf. Er fühlt sich an die Vergangenheit erinnert (Tod Cornelias, Goethes Schwester - Unerreichbarkeit Friederikes). Sein Geist verwirrt sich völlig, Lenz gerät an den Abgrund des Lebens. Er beschmiert sein Gesicht mit Asche, hüllt sich in einen Sack und geht zu dem toten Kind. Er versucht es zum Leben zu erwecken. Es bleibt bei dieser rührendhilfosen Geste.

Oberlin kehrt früher als erwartet zurück. Der Zustand Lenz' verbessert sich vorübergehend; er leidet jetzt unter der fixen Idee des Mordes an seiner Mutter. Es gelingt dem Pfarrer, ihn zu beruhigen und zu trösten. Aber Lenz unterliegt dem Zwang seines ,Schuldkomplexes'. Er bittet Oberlin, ihn zu geißeln, befindet sich in wirren Selbstgesprächen und stürzt sich wiederholt in den Brunnen.

Am Nachmittag des folgenden Tages sagt Lenz, er habe sich in der Abwesenheit aller Mithausbewohner aus dem Fenster gestürzt, Oberlin sollte ihm den dabei verrenkten Arm wieder richten. Fortan kann Lenz nicht mehr ohne Aufsicht sein. Oberlin bestimmt zwei Männer als Aufpasser. Auf einem Spaziergang zum Grabe des Mädchens versetzt Lenz jedoch die beiden Männer und läuft ins Nachbardorf. Man hält ihn dort fest, erkennt den ,harmlosen Spinner' und bringt ihn zurück. Oberlin kann den Verschreckten beruhigen.

Die Anfälle häufen sich. Alle nachfolgenden Handlungen Lenz' werden durch peinigende Unruhe, Ängste und von absoluter Leere bestimmt. Lenz amüsiert sich, in seiner Phantasie die Wirklichkeit auf den Kopf zu stellen, Dinge und Personen. Die Welt wird traumartig und kalt.

In diesem Zustand unternimmt Lenz weitere Versuche, sich das Leben zu nehmen, sich zumindest aber physischen Schmerz zuzufügen. Oberlin, der sich auch in dieser Phase unermüdlich um tröstlichen Zuspruch bemüht, sieht sich endlich veranlaßt, Lenz zu dessen eigenem Schutz und zu dem der Mitbewohner in ärztliche Betreuung bringen zu lassen. Lenz wird fortgebracht, bar jeder kontrollierten Handlungsfähigkeit. Büchners Erzählung folgt Oberlins Tagebuchaufzeichnungen zwischen dem 20. Januar und dem 8. Februar 1778/79. Sie setzt mit Lenz' Wanderung durch das Gebirge ein und endet mit dem Abtransport des geistig vollkommen Umnachteten.

Die Bedeutung der Erzählung als Pathografie mindert nicht ihren Rang als Sprachkunstwerk. Das verdeutlicht sehr eindrucksvoll die Auslegung B. v. Wieses, auch wenn Jancke eher die „allgemeingültige Bedeutung in den Krankheitssymptomen selber, die sich als eine Beschreibung der Lebenssituation des Individuums in der von Büchner kritisierten Gesellschaft erweisen", sieht.[88] „Neben der psychologisch-psychiatrischen Darstellungskunst stände freilich dann noch die Großartigkeit der Naturdarstellung", [89] wäre dem mit v. Wiese entgegenzuhalten. Den kontroversen Ansichten ist hier nicht nachzugehen, sie setzen zwei richtige, für die eigenen Reflexionen leitende Akzente. Das Schicksal Lenz', Büchners Polemik gegen die ungerechten Zustände, die Lenz' verirrtem Genie jede Aussicht auf Stetigkeit und Stabilisierung nehmen, wird erst in der Ausgewogenheit der künstlerischen Form sprechend, ja, mitreißend, wie weitere Deutungen befinden: „Wirklichkeit und Wahn zu vereinigen, ihnen gleichermaßen gerecht zu werden, der Wahn gewinnt die volle Intensität der Wirklichkeit, bildet eine Welt in der Welt", [90] darin liegt Büchners große Leistung.

Büchner setzt Lenz an den Anfang seiner Erzählung. Lenz bewegt sich, reflektiert. Die Erzählung endet mit einem grimassierenden, gesichtslosen Lenz. Dazwischen gestaltet Büchner die Progression eines geistigen Verfalls.

Die Erzählung baut sich von äußersten Gegensätzen her auf: Natur-Mensch, Außenwelt-Innenwelt, Tag-Nacht, Unruhe-Apathie, Licht-Dunkelheit, Glücksempfindung-Verzweiflung, Wirklichkeits-Phantasieträume, Aktivität-Langeweile, Leben-Tod. Auf der Folie dieser permanenten Gegensätze wechseln die Positionen Lenz' bis zum totalen Realitäts- und Identitätsverlust. Latenz und Präsenz des „Ungeheuerlichen" [91] schaffen eine Atmosphäre unausgesetzter Bedrohung. Ein deutlicher Vorgriff auf die Naturszenen im ‚Woyzeck' wird erkennbar.

Indem Büchner Lenz an den Beginn seiner Erzählung rückt, lenkt er ohne Umschweife den Blick des Lesers auf die Person, dessen Schicksal er vor uns ausbreiten wird. Obwohl der Beginn Lenz in Bewegung zeigt, ist sein Gehen von einer gewissen Ziellosigkeit. Seine Gleichgültigkeit der Richtung gegenüber steigert sich rasch zu einer Orientierungslosigkeit, zu ei-

---

88) G. Jancke, S. 243
89) B. v. Wiese, S. 104
90) B. v. Wiese, S. 104
91) E. Johann, S. 136

nem Nichtwissen schlechthin. Die Unfähigkeit einer klaren Zuordnung der Dinge, seiner selbst zu ihnen, konzentriert sich im Absatz „Müdigkeit spürte er keine, nur war es ihm manchmal unangenehm, daß er nicht auf dem Kopf gehen konnte." (S. 65) * Lenz versucht, den Dingen aus einer anderen Perspektive nahezukommen. Es bereitet sich hier die phantastische Umkehrung der Wirklichkeit vor, wie er sie in seiner Umnachtung später vornehmen wird. Büchner organisiert eine grandiose Naturkulisse um den Wanderer: Alles ist von einer ungeheuren Bewegung ergriffen; während Lenz' Gehen passiv, neutralisiert anmutet, verrät die Natur ungestüme Regungen. Lenz kann sich ihr nur stellen, ohne sie begreifen zu können. Schon in dieser Eingangszene befindet sich Lenz in einem aussichtslosen Kampf, der Ausgang steht fest. Büchner verschärft die Gegensätze: hoch, tief - groß, klein - Jubel, Trauer - Licht, Düsternis - Diesseitigkeit, Jenseitigkeit - Erde und All befinden sich in einem atemlosen Wechsel. Die Fixpunkte lösen sich auf. Büchners gehäufte Verwendung des Konjunktivs unterstreicht den Schwebezustand. Zukünftiges, voller Ungewißheit, wird ablesbar („ihm war, als müsse ... hätte ... wäre", S. 65).

Nahe der Aufgabe, überkommt ihn ein herausforderndes, manisches Lustgefühl der körperlichen Auseinandersetzung mit den Elementen. Die Suche nach dem körperlichen Schmerz ist für Lenz die einzige Artikulationsmöglichkeit seines großen Protestes, aber auch seiner schwingenden Rationalisierungskompetenz der Umwelt gegenüber.

Aus dieser syndromhaften Ballung von Zuständen lassen sich Einzelbefunde konstatieren: Lenz begreift die Natur nicht mehr, die sich vor ihm aufzulösen beginnt. Zugleich versucht er in einem Mitschöpfungsakt, sich seinen persönlich gefärbten Eindruck von der Natur zu machen. In dem Chaos sich entfesselnder Naturgewalten schafft sich der Künstler Lenz seine Natur, von der er im Kunstgespräch leuchtend reden wird. Die unauflösbare Harmonie zwischen beiden ist für Lenz essentiell. Die gewaltige Kulisse, als Fiktion und Realität, wird zum Abbild seines Wunschdenkens wie seines Seelenzustandes.

---

*   Seitenzahlen nach der dtv-Ausgabe

In dem verzweifelten Ringen erhält Lenz keine Antwort aus der Natur, die ihn wieder in ihren Bezug nimmt. Die Leere in ihm verlangt nach aggressivem körperlichen Kontakt mit der Erde, dem Sturm, dem Himmel. Er muß feststellen, daß er allein, einsam ist. Ihn überkommt eine furchtbare Angst vor diesem Alleinsein. Noch einmal rafft er sich auf, stürzt ziellos davon, erreicht menschliche Nähe.

Mit dem Eintritt in Oberlins Haus verlieren sich vorübergehend die Zwangsvorstellungen der Vereinsamung. In diesem ersten Zusammentreffen liegen erneut die ganze Bedrohung und Unsicherheit um Lenz. Bezeichnend dafür ist, daß er menschliche Nähe erst erreicht, als es finster ist, im Augenblick der Verschmelzung von Himmel und Erde, im Augenblick auch eines Schutzes durch das Dunkel des Abends. Im Hause wird Lenz sofort klar, daß, trotz allen gütigen Entgegenkommens, er ein anderer ist, als der, für den man ihn hält. Lenz bleibt weiterhin mit sich beschäftigt. Unter den Qualen seiner aufgewühlten Sinne und Gefühle kann er seine Gedanken nicht im Griff halten, die verschwimmen. Träume, Ängste und dunkler Instinkt treiben ihn.

Zu diesem Zeitpunkt besteht scheinbar noch einmal die Hoffnung, daß sich Lenz' Zustand bessern könnte. Seine Predigt zu den einfachen Leuten, sein Zusammensein mit ihnen vermitteln ihm den Eindruck heilsamer Geborgenheit.

Aber seine Predigt, die übersteigerte Hingabe an den Schmerz zu einem weiteren „Tor für den Wahnsinn." [92] Die auffallende Verwendung des Symbolmotivs ,Mond' in Verbindung mit Lenz' Gedanken an die verstorbene Mutter beschwört Todesnähe herauf. Die Mutter wird in dieser Phase nicht mehr „Bergung, sondern kündet umgekehrt den Verlust der Bergung, ein unaufhaltsames Fortschreiten des seelischen Prozesses in den Bereich des mondhaft Nächtlichen, des Irrealen, dem Tode Benachbarten an." [93]

Retardierend wirkt sodann das in zweifacher Hinsicht zentrale ,Kunstgespräch' bei den Oberlins. Es steht an der Nahtstelle

---

92) B. v. Wiese, S. 115
93) B. v. Wiese, S. 116

zweier psychisch ähnlicher Zustände in Lenz, hält für einen Augenblick das bedrohliche Tempo des seelischen Zerfalls auf, leitet dann aber unvermittelt das Endstadium des Weges in das Verhängnis ein unter Phobien, Phantastereien und Visionen. Zum anderen findet sich in dem Gespräch auf rein rationaler Ebene, losgelöst von dem Krankheitsverlauf, eine äußerst **gedrängte Ästhetik** Büchners, die er, wie nebenher, dem Leser gleichsam als Schlüssel zum Verständnis seines Wesens, Wirkens und Wollens in die Hand gibt. Büchner tritt hier neben Lenz. Die Formulierungen sind knapp, aggressiv, logisch, eindringlich.

Die Heftigkeit seines Vortrags ist Ausdruck einer absoluten Identifizierung seines Lebensgefühls mit der Kunst. Die Gesprächsszene wird zum Monolog. Gelegentliche Einwände seiner Gesprächspartner wischt er hinweg, so als wären sie nicht auch Gegenstand des Gesprächs. Lenz nimmt eine positive, lebensbejahende Haltung ein, „die den Lebenszusammenhang von Gott, Natur, mitmenschlichen Dasein und Kunst aus der verstehenden Liebe herleitet, die in die unendliche Schönheit aller Formen eindringt." [94]

Büchner hat deutlich Abstand zu den Anschauungen seiner Jugend bekommen; seine Ansichten haben sich gefestigt. Seine Begeisterung für die Epoche des Idealismus ist verflogen, Echtheit und Natürlichkeit zählen als Lebensgefühl. Sie lassen kein marionettenhaft konstruiertes Lebens- und Weltbild zu. Shakespeare, Volkslied und ein wenig Goethe bleiben übrig. Die radikale Absage an die Ästhetik seiner Zeit gleicht einem politischen Manifest. „Bewußt oder nicht bewußt, Georg Büchners Kunstauffassung bedeutet eine revolutionäre Abkehr von den bei seinen Zeitgenossen im allgemeinen noch gültigen ästhetischen Maßstäben. Sie ist ästhetisch revolutionär, gerade weil sie politisch und sozial revolutionär ist." [95]

Nach B. v. Wiese sind drei „gedankliche Grundmotive" in dieser Ästhetik hervorzuheben:

---

94) B. v. Wiese, S. 109
95) H. Mayer, S. 288

- Die „lebendige Nachahmung", die nichts anderes will und soll, als Wirklichkeit unterschiedslos aufzuzeigen –
- das Grundmotiv der „Schönheit", die, wie auch immer geartet, anschaulichster Ausdruck der Lebensharmonie zu sein hat –
- und schließlich hat Kunst im höchsten Sinne eine „ethische Aufgabe", die in der „umfassenden Liebe zu allem Menschlichen" zu bestehen hat, wie Büchner durch Lenz ausspricht.

Es kann also nicht um museale Beschaulichkeit von ‚Schönheit' gehen. Sie ist veränderbar, stets neu machbar durch den Künstler. Lenz hat sich in der Rigidiät seiner Forderungen und im Erkennen ihrer Uneinlösbarkeit angesichts eines noch nicht in dieser Richtung entwickelten Bewußseins in der Gesellschaft bereits zu weit von ihr entfernt. Diese zusätzliche Entfremdung von den Menschen beschleunigt den unaufhaltsamen Sturz in den Wahnsinn. Mayer folgert: „So kann man nicht leben. Wenn einem das Band zur übrigen Menschheit zerschnitten wurde, verfällt er der Nacht - und damit trennt er sich nur noch um so entschiedener und endgültiger von der Gemeinschaft, der er einst zugehörte." [96] ‚Dantons Tod' hingegen ist von kühler, distanzierter Rationalität durchdrungen.
Die Darstellung des seelischen Verfalls, wie Büchner ihn im Lenz darstellt, kann keinen Augenblick darüber hinwegtäuschen, daß er „sein Herz leidenschaftlicher entblößt, als das einem Realisten zukommt." [97] Dennoch ist hier Zurückhaltung am Platze, was die ‚Seelengleichheit' von Büchner und Lenz angeht. Was sich für Lenz auflöst, leer und nichtig wird, breitet sich in Büchner keineswegs zur absoluten Leere, zum Nichts aus. Er besitzt trotz voraufgegangener Erschütterungen andere ‚Versicherungen', die seinem Leben einen Sinn geben.
Der Tod des Mädchens hebt für Lenz vollends den Sinn seiner Existenz auf. An seine verehrte Friederike bleibt ihm nur die Erinnerung; aber auch dieses Bild entzieht sich Lenz immer

---

96) H. Mayer, S. 280
97) E. Johann, S. 140

mehr. Es fließt über in das Bild des toten Mädchens, in das der Mutter. In letzter, rührender Verzweiflung - schon im Wahnsinnskomplex, ein ‚Mörder' zu sein, verstrickt - bemüht sich Lenz, dem toten Kind Leben einzuhauchen. Lenz kehrt an den Ausgangspunkt des Lebendigen zurück in einem letzten Versuch, die Unschuld, das Natürliche, das Reine wiederzuerlangen. Lenz flieht das Leben, die problemhafte verständnislose Welt der Erwachsenen und flüchtet im Bewußtsein tiefster Schuld zu einem kleinen Wesen, das den Lebensschöpfungsakt noch nicht lange hinter sich hatte und schon wieder vor ihn zurückgetreten ist. [98]

Sein grotesker Versuch, die Beziehungslosigkeit zu den Menschen aufzuheben, gipfelt in seinem Angebot, sich ihr als ‚Mörder' auszuliefern. Die Gesellschaft lehnt ihn ab, Lenz sieht für sich keinen Platz mehr in der Welt. Die Konsequenz ist bei allem Widersinn logisch. Der Kampf endet mit wiederholten Selbstmordversuchen, die - ob ernst gemeint oder nicht - die schmerzlichen Paradoxie seines Zustandes grell ins Licht rücken: Lenz will leben und sucht den Tod. Die Parallele zum ‚Woyzeck' ist unverkennbar.

Religiöser Wahn und Schuldkomplex treiben Lenz dazu, sich ein Bußgewand anzulegen, sich das Gesicht mit Asche zu beschmieren, sich von Oberlin geißeln lassen zu wollen. Mit dieser ‚Unkenntlichmachung' entstellt sich Lenz selbst, er verliert sein Gesicht.

Es folgen Phasen tiefen Selbstmitleids vor der Teilnahmslosigkeit des vollendeten Wahnsinns.

Es ist der totale Rückzug Lenz' auf sich selbst; Büchner gibt dem Stammeln Lenz' die Form der endgültigen Absage an das irdische Leben: das sechsmalige Verwenden des ‚ich', die Wiederholung von ‚Ruhe', das Ausklingen der Gedanken mit dem Wort ‚schlafen' assoziieren Todesnähe. Zugleich kulminieren die Leiderfahrungen im Rettungsgedanken aus der Qual des Noch-nicht-Erlöstseins. Lenz gewinnt hier in seinem Wahnsinn etwas Entrücktes, das ihn gleichsetzt mit der Weisheit von Kindern und Todgeweihten. Lenz unterliegt auch in

---

98)   eines der auffälligsten Bilder in der fortschreitenden Bewußtseinsspaltung Lenz'

dieser Phase seines Kampfes, dem Leben einen Sinn zu geben. Er versinkt ungetröstet, da selbst Oberlin, die einzige Konstante in Lenz' Steintaler Leben, nunmehr außerhalb der Kommunikation steht.[99]

Die Frage nach Gott und der Sinnerhaltung der Schöpfung ist gestellt, Lenz bleibt ohne Antwort.

Es wäre voreilig, hieraus auf ein Gottesverständnis Büchners im Sinne neuchristlicher Auslegung schließen zu wollen. Zwar durcheilt Lenz in einer ungeheuer verkürzten Schau alle Stationen des Schmerzes und des Leides, die an das Leben Jesu gemahnen - er ist Verkünder, Jünger, Sünder und Schuldiger, Ausgesetzter - zwar ist es, als müsse er „den allen gemeinsamen Fluch des Leidens stellvertretend für die Unerlöstheit Gottes auf sich nehmen" [100] doch scheint der Dichter hier eher die „drohende Gegenwart ... der immer bereit liegenden Unheimlichkeit des Daseins für die ungesicherte Seele [101] darzustellen mit jener gestalterischen Kraft des Mitleidens und Anteilnehmens, worin „Ursprung und Geheimnis von Büchners Ästhetik" [102] liegen.

4.3.3 Woyzeck

Mit dem Drama ‚**Woyzeck**' gestaltet Büchner sein letztes Menschenschicksal mit ‚tödlichem Ausgang'. Er rundet damit seinen literarischen Kosmos ab, zum dritten Male stellt er den Untergang eines Menschen im Spannungsfeld von Natur, Gesellschaft und jenem die Psyche bedrohenden ‚Geheimen' im Leben dar. Der Politiker Danton stirbt nahezu ohne Widerstand gegen sein Urteil: Der Künstler Lenz gerät in einer ihn zurückweisenden Gesellschaft und einer sich ihm verstellenden Natur außerhalb seiner selbst, mit dem Wahnsinn hat er die Eingangsstufe zu seiner physischen Vernichtung erreicht. Woy-

---

99) Die auf psychologischer Ebene vorhandenen Übereinstimmungen zwischen Büchner und Lenz fokussieren hier eindeutig im Bild der „Vereinsamung".
100) H. Ritscher, S. 56
101) H. Pongs in: W. Martens, S. 148
102) H. Mayer, S. 302

zeck selbst, nichts als ein schlichter Mensch, ohne die Aura des politischen Volkshelden oder die eines Künstlers, ist auch der Zerstörung preisgegeben. Aber im Gegensatz zu Danton, auch zu Lenz, entschließt er sich zum Handeln, freilich mit einer schrecklichen Konsequenz: In der Auflehnung wird er zum Mörder. Aus dieser Perspektive auf die Existenz eines schlichten Individuums befreit Büchner endgültig den Leser, mehr noch, den Zuschauer, von jener Distanz, die diese gegenüber Danton als ‚großem Politiker' und Lenz als ‚verirrtem Poet' vielleicht noch einnehmen konnten.

Der ‚Woyzeck' wird als Schlüsselwerk zum Verstehen von Büchners Weltbild angesehen. [103] Mit ihm schafft Büchner das insgesamt wohl ungewöhnlichste Stück dramatischer Literatur seiner Zeit, das weit in die Literatur unseres Jahrhunderts ausstrahlte. Auch im Schaffen Büchners nimmt es eine sehr eigene Position ein, selbst wenn bereits der ‚Danton' und der ‚Lenz' vorausdeutende Merkmale partieller Übereinstimmungen enthielten: Lebensmotive, Sprache, ‚Helden' als Anti-Helden haben in allen drei Werken unverkennbare Ähnlichkeit, weisen die von Jancke nachgewiesene innere Logik und Kontinuität im Bereich der politisch-anthropologischen Fragestellungen auf.

Das Drama ‚Woyzeck' steht am Ende dieses Weges. Es markiert einen letzten Schaffensabschnitt, quasi die Zusammenfassung und Synopse seiner Lebenserfahrungen, wie als einer der ersten Forscher Landau zu würdigen wußte: „... Der Fortschritt in der Reife der Gestaltung und der Sicherheit der Technik ist gewaltig; überall empfindet man eine ganz anders überlegte Anordnung, eine schärfere Herausarbeitung des Wesentlichen als beim ersten Versuch. Die folgerichtige Entwicklung einer dramatischen Handlung in vorbereitender Begründung, stimmungsreicher Einführung und steter Steigerung, das zielbewußte Gipfeln in einem tragischen Höhepunkt, all das, was im Danton kaum versucht, jedenfalls ungenügend

---

103) Dies trifft insofern den Kernpunkt aller Vergleiche und Ausführungen um die Bedeutung der Büchner'schen Werke, als gerade im **Woyzeck** die „Determiniertheit der Figuren steigt" ... „Woyzecks Schicksal präsentiert die Höchststufe des Freiheitsentzuges." - Vgl. N. Abels in: DD/92, S. 631-632.

gekonnt war, ist hier mit den einfachsten Mitteln genial erreicht. (...) Obgleich das Werk also ein Torso geblieben ist, läßt es dennoch die Schönheit und Feinheit seiner Anlage und Bildung in jeder Szene, in jedem Charakter erkennen." [104]

Wieder geht es im ‚Woyzeck' um einen ‚Fall'. Eine Urteilsvollstreckung findet statt. Dies geschieht nicht in der Aburteilung des Mörders Woyzeck, nachdem er Marie getötet hat, sondern in der planmäßigen ‚Hinrichtung' Woyzecks durch die Gesellschaft, ehe Woyzeck überhaupt die Tat ausführt. Nicht Marie allein ist das Opfer, sondern Woyzeck. Er ist schon tot, ehe er seinen Richtern vorgeführt wird. [105]

Büchners Text basiert auf Quellen seiner Zeit. Es sind dies Materialien aus Zeitschriften, Prozeßakten und medizinischen Gutachten zu drei Mordfällen. Sie erregten zwischen 1819 und 1830 die Öffentlichkeit: Am 25. September 1817 ermordete D. Schmolling bei Berlin Henriette Lehne. Am 12. Juni 1821 erstach J. Ch. Woyzeck Christiane Woest in Leipzig. Am 15. August tötete Johann Dieß seine Geliebte, Elisabeth Reuter, bei Darmstadt. In allen drei Fällen handelt es sich um Eifersuchtstaten, ausgeführt von Angehörigen der untersten sozialen Schicht.

Die Quellenlage vermochte lange Zeit von der Forschung nicht geklärt zu werden. Das aus dem Nachlaß überkommene Fragment in mehreren handschriftlichen Fassungen sowie die Ähnlichkeiten der Quellen untereinander machten es beinahe unmöglich, die Entstehungsgeschichte des ‚Woyzeck' zu rekonstruieren. Erst Gegenüberstellungen der möglichen Schlußfassungen und die exakte Überprüfung des zugrundeliegenden Tatsachenmaterials ergaben eine ‚letzte' Fassung. Ihre Authentizität wird in Frage gestellt, ihre Klärung immer wieder neues Bemühen der Forschung bleiben. Als Hauptquelle gilt das Woyzeck-Material, mit dessen Verwendung unter genannten Vorbehalten etwa folgendes Entstehungsbild anzunehmen ist:

---

104) P. Landau in: W. Martens, S. 72
105) Dazu schreibt N. Abels: ... „Luciles Schrei, Lenzens Ach! ach! und Woyzecks 'Immer zu! immerzu!' sind mehr als nur unmittelbare Interjektionen. Sie markieren einen Auszug aus der auf das dialogische Prinzip angelegten Sprache, der dem Ausschluß aus der Gesellschaft auf dem Fuße folgt." In: DD/92, S. 635

Es ist zu vermuten, daß Büchner verhältnismäßig früh die Tatsachen kennenlernt. Wahrscheinlich liest Büchner während seiner Studienvorbereitungen die Artikel bis zum Zeitpunkt seiner Flucht nach Straßburg im Zusammenhang mit den medizinischen Schriften Henkes („Zeitschrift für die Staatsarzneikunde'), die 1824 und 1826 veröffentlicht wurden. Für Büchners Übernahme des Stoffes zu einer dramatischen Bearbeitung wird in der Literatur zumeist auf einen Brief verwiesen, den er an seinen Bruder Wilhelm richtet. [106]
Während die Prozeßakten zu den Morden Dieß und Schmolling Büchners Arbeit nur unwesentlich begleiten, läßt die Entlehnung „potentieller Motivationsmerkmale im engeren Sinne" auf eine deutliche Patenschaft zum Mordfall Woyzeck schließen: „Verfolgungswahn, Stimmenhalluzinationen und der innere Mordimperativ, Eifersucht, Verdienstschwierigkeiten, Demütigungsgefühle. [107]

* * *

Unstet, zum Trunk neigend, zwischen Berufen pendelnd, Soldat und arbeitsloser Zivilist - wird Woyzeck um 1819 in Leipzig ‚seßhaft'. Hier lernt er auch eine gewisse Christina Woost kennen, die seine Geliebte wird. Ihr leichtes, besonders Soldaten zugewandtes Leben provoziert einen Streit, in dessen Verlauf Woyzeck sie ersticht. Das Urteil verzögert sich um einige Zeit, da Gutachter bemüht sind, Woyzecks Unzurechnungsfähigkeit während der Tat nachzuweisen. Schließlich wird er aufgrund des auschlaggebenden medizinischen Befundes des Herrn Dr. Clarus für normal erklärt und nach drei Jahren Haft und Prozeßdauer auf dem Leipziger Marktplatz öffentlich und in einem lange nicht mehr gesehenen, darum volksfestähnlichen Spektakel durch das Schwert hingerichtet.
Für Büchner ist das umstrittene Clarus-Gutachten, über das die Öffentlichkeit Jahre nach dem Prozeß noch anhaltend diskutiert, ein bedeutsamer Anstoß, sich gerade diesem Fall zuzuwenden. Er gestaltet allerdings die Persönlichkeit und den

106) G. Büchner, S. 195
107) J. Jansen, S. 49

Lebensbereich Woyzecks um, trennt damit für jedermann, der den Fall kannte, eindeutig seine dichterischen Intentionen von den Tatsachen und schafft **seinen ,Woyzeck'**, wodurch die Erinnerung an jene tatsächlichen Vorgänge, verbunden mit dem Namen Woyzeck, wachgehalten wird.

Der zögernde Verlauf des Prozesses mit der Unmenschlichkeit eines immer wieder verschobenen Urteils, Bildungsdünkel und Zynismus des Prozeßgutachters Dr. Clarus geben Büchner Veranlassung, sich dichterisch gegen das Ausmaß der Erniedrigung und gegen den Wissenschaftsdünkel zu stellen.

Büchner erkennt das eingefrorene Klassendenken und die damit verbundenen Unterschiede allzu genau, wie er in einem Brief Gutzkow gegenüber äußert: „... Unsere Zeit ist rein materiell; wären Sie je direkter politisch zu Werke gegangen, so wären Sie bald auf den Punkt gekommen, wo die Reform von selbst aufgehört hätte. Sie werden nie über den Riß zwischen der gebildeten und ungebildeten Gesellschaft hinauskommen." [108]

Der mögliche Einfluß der Lenz-Komödien, besonders der ,Soldaten', auf Motive, Ausbildung der Charaktere und Szenenführung wird von Landau hervorgehoben. [109] Dessenungeachtet lassen die Vielschichtigkeit und die Kunst der komplexen Anordnung des Wesentlichen den sehr eigenständigen dichterischen Zugriff Büchners erkennen.

Der ,Woyzeck' erhebt sich über die Prozeßrealitäten ebenso wie über die literarischen Vorbilder. Bei allen Nachweisen von Ähnlichkeiten zur Vorgängerschaft dieser oder jener Quelle bliebe jeder Versuch, das Drama eng auf Fakten oder Personen aus Büchners Lebensraum zu fixieren, hinter dessen Aussagen zurück.

* * *

Büchners Woyzeck ist eingebunden in den Trott eines Lebens ohne Höhepunkte. Sein Leben ist geordnet durch die Bindung an Frau und Kind. Die wirtschaftlichen Verhältnisse sind halb-

---

108) G. Büchner, S. 191
109) P. Landau in: W. Martens, S. 77

wegs stabil, da Woyzeck seinen Unterhalt als Versuchsobjekt beim ‚Doktor' aufbessert, für seinen Major Gerten schneidet. Ohne persönliche Ansprüche liefert er, solide und zuverlässig, sein Geld bei Marie ab; sein Leben hat einen Inhalt im Erhalt seiner, Maries und der von ihm verantwortungsvoll umsorgten Existenz eines unehelichen Kindes.

Seine gesellschaftliche Interaktion ist auf die Tätigkeit für Doktor und Major und den Dialog mit ihnen begrenzt, durch das tägliche Gleichmaß ritualisiert. Diese soziale Stellung, vergleichbar mit der sehr vieler anderer seiner Zeit, macht Woyzeck in seiner Schlichtheit, Ehrlichkeit und Naivität zu einem unauffälligen Randglied der Gesellschaft, stellt ihn jedoch auch außerhalb der gesellschaftlichen Bindungen und Sicherheiten. Seine erniedrigenden Dienstobliegenheiten (er ißt zu Versuchszwecken Erbsen), sein geringer Verdienst, seine Zurückgezogenheit und mitunter befremdliche Verschrobenheit (er hört Stimmen, unterhält sich mit Unsichtbaren) stempelt ihn zu einer (Rand-) Figur, deren Lebensanrecht nur so lange gewährleistet ist, wie es seinen Arbeitgebern gefällt.

Maries Betrug mit dem Tambourmajor belastet diesen Lebensrhythmus entscheidend. Die Tatsache gleicht für Woyzeck dem Einbruch einer Naturkatastrophe und löst in ihm jede Bindung an die von ihm akzeptierten Normen auf. Er druchbricht sie nun seinerseits und tötet Marie. Damit schließt er sich gegenüber seiner Mitwelt vollkommen ab, seine Distanz hat etwas Unwiderrufliches, Endgültiges gewonnen.

Ähnlich wie für Lenz gilt auch für Woyzeck ein dreifacher Verlust der Beziehungen zur Realität. Den Bezug zu seinen Mitmenschen hat er bereits verloren, durch den Mord zerstört er den Halt und die Mitte seines Lebens. Indem er den einzigen Menschen verliert, der ihm etwas bedeutet, zerstört er sich selbst. „... in einer elementaren, die gesamte Persönlichkeit umfassenden Weise werden die Beziehungen Woyzecks zerstört: die Beziehungen zu sich selbst, die Beziehung zu den anderen, die Beziehung zur Welt. (...) Entfremdung, Feindseligkeit und Widersprüchlichkeit auf allen Ebenen der Kommunikation, des Selbsterlebnisses und der Auseinandersetzung mit der Umwelt sind die Merkmale von Woyzecks Welt. [110]

Im ‚Woyzeck' stellt Büchner erneut und überaus beunruhigt die Frage nach dem Wesen des Menschen, nach den dunklen Einflüssen auf Leben und Seele, die nicht zu klären sind. Die bohrende Frage, ‚was ist das ...:', wird auch hier nicht beantwortet. Die Weltenbewegungen erfassen das Individuum in seiner unbedeutenden Kleinheit. Es gibt kein Entrinnen, die Wege sind vorgezeichnet. Woyzeck muß in seiner Situation zum Mörder werden. In dieser Momentaufnahme menschlicher Unzulänglichkeit und Ausweglosigkeit wird klar: Unser Tun ist ziellos und sinnlos, es funktioniert auf begrenztem Raum, für eine begrenzte Zeit, die Entscheidungen sind vorweggenommen.

Woyzeck bewegt sich zwischen zwei Realitäten: Zum einen ist die soziale Wirklichkeit für ihn Faktum und Fatum; zum anderen unterliegt er dem Zwang jener nicht faßbaren Wirklichkeit der Stimmen, die in ihrer eigenen Repräsentanz in sein Dasein hineinwirken.

Beide ‚Wirklichkeiten' werden von ihm akzeptiert. Zwar beklagt er seine soziale Lage (S. 114), hat sich aber grundsätzlich mit ihr abgefunden. Seine Beziehungen zu dieser Realität, von der er ausgebeutet wird, aber an der er im eigentlichen Sinne nicht teilnehmen darf, erhalten ihren Inhalt lediglich aus der naiven, beinahe unterwürfigen Abhängigkeit von Marie. Als Objekt seiner Umwelt (Doktor, Hauptmann) hat er als empfindendes Subjekt mit der ihm eigenen Art der Daseinsbewältigung kein Lebensanrecht; er ist nicht gefragt, er ist suspekt, in seiner Moralität nicht anerkannt („Er hat keine Moral ...", S. 114). Dieser Wert wird sogar von Marie nicht verstanden, gelegentlich mißachtet, so daß Woyzeck sein Alleinsein, sein Anderssein empfindet. Er ist ständig ‚auf der Flucht', gehetzt, sieht sich als „armen Kerl" (S. 114), geht Kontakte mit einer anderen Wirklichkeit ein. Jene andere Wirklichkeit ist die der Visionen und beschworenen Stimmen. Zu dieser Welt haben die anderen kein Verhältnis und keinen Zutritt, weder Andres („ich

---

110) G. Jancke, S. 283

fürcht mich", S. 115) noch Marie („ich halt's nit aus; es schauert mich." S. 116). Hier sucht Woyzeck seine ‚Kommunikation‘, hier gewinnt er außerhalb der ihm verschlossenen wirklichen Welt Maßstäbe für sein Handeln. Er hat, wie Ritscher schreibt, „ein unverbildetes, dunkles Gespür für die Mächte des Naturgeschehens. [111] Das Tragische in Woyzecks Existenz liegt in seinem Trugschluß, den Stimmen der Natur ihren Sinn für das eigene Dasein und dabei von ihnen die Befehle zu einem ‚asozialen‘ Handeln abzulauschen.

* * *

Woyzecks Bindungslosigkeit tritt schon in den ersten Bildern zutage. Während er in Demutsbezeugungen seine Unterwürfigkeit artikuliert, tritt er unmittelbar darauf über die Schwelle der Wirklichkeit und beschwört dunkle Visionen des Untergangs herauf. Seine Verwirrung überträgt sich auf seine nächste Umgebung. Andres wird abgeschreckt, Marie wird es unheimlich. Aber aus einem natürlich Abwehrinstinkt wächst ihr Widerstand. Sie wird empfänglich für ‚Fremdberührung‘. Die Dissonanz wird tödlich; die letzte, von Woyzeck gesuchte Wesensübereinstimmung besteht nicht mehr.

Trägt er bislang die Tatsache seines Ausgebeutetwerdens im Bewußtsein einer wenigstens ‚ungestörten‘ Lebensgemeinschaft, die er mit seiner Liebe zu Marie und dem Kind zu bereichern versucht, so wird er jetzt vollends aus der Bahn gestoßen. Seine soziale Diskriminierung reicht den bornierten und arroganten Vertretern einer tugendhaften und wissenschaftsbewußten bürgerlichen Oberschicht (Doktor/Hauptmann) nicht. Sie rauben ihm den Rest seiner mißachteten Menschenwürde, indem sie ihn gegen Marie aufhetzen.

Die Anspielungen auf Marie und dem Tambourmajor peinigen Woyzeck. Er verschafft sich Klarheit. Ihn überkommt die Eiseskälte des zu allem Entschlossenen. Seine Passivität weicht ei-

---

111) H. Ritscher, S. 54

nem unabänderlichen Entschluß zur Tat. Woyzeck handelt planmäßig. Für einen winzigen Augenblick greift er in das Rad der Geschichte, versucht er es zum Stillstand zu bringen. Er artikuliert die Leere seiner Existenz in einem Mord und geht unter „im Strudel der Verhältnisse, die er nicht ändern kann." [112]

Ebenso wie für den ‚Lenz' kann für den ‚Woyzeck' der Begriff ‚organisches Fragment' gelten, was das Formale betrifft. Er enthält nichts Zufälliges, nichts, das nicht abgeschlossen ist. In den verschiedenen Schlußfassungen sieht Mayer Büchners Bemühen um die Form, den Prozeß des Gestaltens im Suchen, Verwerfen, Neuformen.

Die Forschung hat sich insbesondere den Schlußfassungen zugewandt. Für die Werkdeutung sind sie von entscheidender Bedeutung, da sie zwei gegensätzliche Auffassungen bestärken: eine „von einem mehr „expressiven" und auf den Weltzusammenhang gerichteten Büchner (mit dem ersten Schluß des ‚Woyzeck': „Es kommen Leute. Halt! Hörst du? Still! Dort! - Uu! Was ein Ton!") und die andere Auffassung: von einem Büchner, der zuerst und vor allem als Gesellschaftskritiker auftritt (mit dem zweiten Schluß; Regiebemerkung: „Es erscheinen Gerichtsdiener, die ihn verhaften") [113] Hier Welttheater, dort sozialrevolutionäres Anklagestück - einmal mehr sieht sich die Forschung in der Schwierigkeit, die Position des Dramas zu bestimmen, in dem „die illusionslose, keinerlei Brüche und Risse verdeckende dichterische Weltauffassung" [114] durchgehalten wird.

Büchner entwickelt das Geschehen über 24 Stationen. Die Szenentechnik ist vergleichbar mit der Technik einer rasch wechselnden Kameraführung, die Situationen einfängt und in harten Schnitten aneinanderreiht. Es finden jähe Wechsel von ‚innen' und ‚außen' statt. Dadurch wird die Welt der Gegensätzlichkeiten, der Aufruhr, der Bindungslosigkeit und der Auflösung geschaffen. Räumliche Weite („weites Feld") wechselt mit bedrohlicher Enge („Kammer"). Sich überstürzendes Leben kontrastiert mit gedämpfter Atmosphäre. Hiermit deckt

112) G. Penzoldt, S. 53
113) H. von Dam in: W. Martens, S. 315
114) J. Jansen S. 88

sich die seelische Verfassung Woyzecks. Da Signalwort ist ‚gehetzt' Johann faßt zusammen: „Mit einem solchen Charakter läßt sich - ebensowenig wie mit dem Danton - kein Drama nach dem klassischen Schema bauen. Wo der Held die Gegenhandlung verschmäht, fällt auch die Voraussetzung der Gegenhandlung fort. Der Akt, als der klassische Raum der Handlung, kann nicht mehr ausgefüllt werden, er zerfällt in Szenen, in Monologe, in die Stationen des Leidensweges des sein Schicksal erduldenden, passiven Helden." [115]

Büchner bereitet Woyzeck Untergang dramaturgisch vor. Zwei charakteristische Dialoge zeigen dies an, der Eingangsdialog Hauptmann/Woyzeck und der Dialog. Doktor/Woyzeck.

Eingangs ist Woyzeck weit davon entfernt, so wurde gesagt, an seiner sozialen Rolle zu zerbrechen, im Gegenteil, er zeigt ein hohes Maß an sozialer Verantwortlichkeit (Marie/Kind). Sicherlich weiß er seine Handlung nicht zu begründen, kann er ‚Tugend' nicht im Sinn des herrschenden Verständnisses definieren. In der Auslegung des Hauptmanns ist darum Woyzeck gesellschaftlich ein Versager. In seiner tiefen Verunsicherung übernimmt Woyzeck die Vorwürfe und wertet sie als Schuld in seinem Geständnis: „Sehn Sie: wir gemeine Leut, das hat keine Tugend, es kommt einem nur so die Natur ..." (S. 114). Indem er sich mit diesem ‚Schuldgeständnis' auf seine Abhängigkeit von der Natur zurückzieht, stellt er in Frage, was in seinem Leben Grundfeste, geradezu Bestandteil seines Ichs ist.

Der zweite Akzent, der sie seelische Vernichtung des ohnehin Unterlegenen vollkommen macht, wird von Büchner in der Szene beim Doktor (S. 199ff.) gesetzt. Die Erniedrigung Woyzecks durch den Doktor gipfelt in der schwerwiegenden Verurteilung des Woyzeck unter dem Gesichtspunkt der ‚Freiheit' des Menschen: „Die Natur kommt, die Natur kommt! Hab ich nicht nachgewiesen, daß der Musculus contrictor vesciae dem Willen unterworfen ist? Die Natur! Woyzeck, der Mensch ist frei, in dem Menschen verklärt sich die Individualität zur Freiheit."

---

115) E. Johann, S. 117

Somit wird die Untreue Maries nur auslösendes Moment zu Woyzeck wirrem Entschluß, die innere und äußere Unfreiheit ‚zu überwinden'. Das Übermaß seienr Zweifel, zudem planmäßig aufgebaut, wie die nachfolgende Szene ‚Straße' (S. 121) beweist, schlägt um in den Ausdruck unfaßbarer Verzweiflung, zu der Martens in seinem Essay ‚Zum Menschenbild Georg Büchners' befunden hat: ‚Woyzecks Verzweiflung ist damit primär kein soziales Faktum, sein Martyrium nicht das Martyrium einer Klassenzugehörigkeit, sondern - in der Sphäre der Armut - ein menschliches Martyrium. Woyzecks Sein und das, was sein Schicksal ausmacht, läßt sich in Kategorien der materiellen Besitzverhältnisse nicht ausreichend fassen. Ja, die Bezeichnung „Proletarier" dürfte mit den Nebentönen aus dem Bereich des Massenwesens, des Klassenkampfes, eher das Wesentliche verdecken. Woyzeck ist nicht Proletarier, sondern: ein Armer - ein Armer in dem viel umfassenderen und tieferen Sinne, den das Christentum dem Wort verliehen hat. Seine Gestalt erscheint vorgeprägt im Bild jener Besessenen, Geschlagenen und Aussätzigen, von denen die Bibel spricht."[116]

Natürlich wird handfest vorgeführt, wohin es die Gesellschaft mit einem ‚treiben' kann. Natürlich quält sich hier ein ‚Proletarier' hoffnungslos und erfolglos im Dickicht der festgefügten, reglementierenden ‚Ordnungen' einer Bürgerlichkeit, die ihm keine Chance läßt; die sozialanklägerische Dimension des Dramas soll nicht etwa übersehen werden. Es klaffen ‚Natur' und ‚Moral' nicht nur als Begriffe, sondern als täglich neu erfahrene Werte im Leben Woyzecks auseinander. Wie im ‚Lenz', so verkündet sich auch im ‚Woyzeck' das „Sein einer unharmonischen, in sich widerspruchsvollen Ordnung"[117], in der menschliches Scheitern unvermeidbar ist.

* * *

Auch das sprachliche Detail bereitet den unausweichlichen Untergang Woyzecks vor und beweist Büchners außerordent-

116) W. Martens, S. 883
117) H. Mayer, S. 347

liche Gabe, äußere und innere Abläufe als einander bedingende Faktoren miteinander zu verschmelzen. Ebenso wie die seelische Vernichtung vorbereitet wird, suggeriert Büchner dem Leser/Zuschauer wie dem Täter den Mord. Dabei zeichnen sich drei Entwicklungsphasen ab, die in ihrer psychologischen Folgerichtigkeit überzeugen.

Es ist zunächst das Ahnungsvoll-Dunkle, das Woyzeck im ersten Bild ausspricht nimmt drastisch die eigene Hinrichtung im zweiten Bild voraus. Die Vorboten der Gewalt, des Untergangs, des sich einstellenden Chaos werden hörbar.

In der zweiten Phase konkretisieren sich Woyzecks dunkle Ahnungen. Es ist Marie selbst, die ihren eigenen Tod vorwegnimmt, ihn organisiert und die Form ihrer ‚Hinrichtung' bestimmt. Die gesamte Physiognomie Woyzecks wird als Tatwerkzeug empfunden: „Bleib Er doch, Woyzeck! Er läuft ja wie ein offnes Rasiermesser durch die Welt, man schneidet sich an ihm." (S. 122). Ehe die Tat unter dem Zwang der inneren Stimmen ausgeführt wird, ist es wiederum Marie, die endgültig ihr Todesurteil ausspricht. Die dritte Entwicklungsphase wird mit der Tatvorbereitung und ihrer Ausführung erreicht. In der Szene ‚Freies Feld' - etwa die Mitte des Textes - spricht Woyzeck erstmals das Unabänderliche aus. Er ist jetzt der Wissende, der mit geschärftem Bewußtsein die Stimme umsetzt in die Tat: „Immer zu! Immer zu! Was sagt ihr? Lauter! Stich, stich die Zickwolfin tot? - stich, stich die - Zickwolfin tot!" (S. 125) Mit dem Kauf des Messers trägt Woyzeck seinen Entschluß in die Öffentlichkeit, freilich für diese kodiert.

Noch einmal verzögert sich die Tatausführung durch zwei von Büchner eingebaute kunstvolle Ritardandi (Szene ‚Kaserne', S. 129) und unmittelbar vor der Tat (Szene ‚Waldsaum am Teich' S. 130/131).

Diese vollzieht sich dann umso heftiger. In dreifacher Wiederholung des ‚tot', ‚tot', ‚tot' setzt Büchner auch sprachlich einen Schlußpunkt in der dramatischen Zuspitzung der Vorgänge.

Es wären mehr Textstellen anzuführen nötig, um Büchners dramatischen Instinkt und die Gestaltungskraft noch besser veranschaulichen zu können. Jedoch mögen die angedeuteten Beispiele ausreichen, die Originalität des Dichters hervortreten zu lassen. Sie machen die mit der Herausgabe des Dramas einhergehenden vorsichtigen Fügungen der Büchner-Forscher lediglich zur Tätigkeit des Ordnens und Verbindens von eigentlich bereits Gestaltetem, in dem sich Büchners Genie am eindringlichsten ausspricht. Eine Stimme soll, stellvertretend für andere, die Eindrücke zusammenfassen: „Büchner hat, wie Shakespeare, die Fähigkeit, verdichten zu können, ohne dunkel, bildhaft zu sein, ohne abschweifend zu werden. Er ist der Mann, der die Wirklichkeit in der deutschen Literatur am magischsten geformt hat. Er ist von herrlicher Jenseitigkeit, während seine Sprache von bedrückender Diesseitigkeit ist. - Sein Sprachvermögen kann ungeheuer rasch kombinieren, er eilt blitzschnell vom Ausdrucksbild antiker Autoren zur Wortskala der Wissenschaft seines Jahrhunderts, er spricht von der Unzüchtigkeit der Sublimattaufe im gleichen Atem wie von den Rossen der Revolution, die vor einem Bordell halten."[118]

Vorherrschend ist die Volkssprache im Drama. Büchner beweist, daß er dem Volk aufs Maul geschaut hat. Wer zur Menge sprechen will, muß deren Sprache nicht nur verstehen, sondern selber gebrauchen können (von unrühmlichen Beispielen sei hier nicht die Rede). Volkstonhaftes ist besonders in den Liedern einbezogen (S. 116, 118, 123) und schafft als durchgehender Grundton Atmosphäre und Identifikationsbereiche für den Zuschauer und Leser mit den Vorgängen. Märchenhaftes und Mundartliches, Drehorgelmusik und Naturlaute verschmelzen zu einem wahren akustischen Welttheater. Auch wenn der hessische Dialekt vorherrschend gebraucht wird, so ist er doch in einen Zwischenbereich eindringlicher überregionaler Verständigung transportiert, man könnte sagen in eine Weltsprache des Einfachen - überall auf der Welt gleich: kurze Sätze, nicht flektierte Adjektive, Häufung der Demonstrativa als unaufdringliche Veranschaulichung eines für jedermann verstehbaren Weltausschnittes. In den Wendungen Woyzecks gewinnt Sprache die naturhafte Plastizität dessen, der sie unverbildet spricht. Sein Getriebensein, seine Verlorenheit wird

---

118) K. Edschmid, S. 90

durch das unpersönliche ‚es' unterstrichen. A. Langen kennzeichnet diese sprachlichen Erscheinungen wie folgt: „Ihre höchste Ausdruckskraft erreicht Büchners Sprache in der Rede des ‚Woyzeck'. Die Mächte des Geschlechtstriebs und der Eifersucht formen hier eine Wortfügung von stammelnder jagender Hast ... Auch die Mordszene selbst und die folgenden Auftritte leben sprachlich von diesem Mittel der Wortwiederholung, Ausdruck der manischen Besessenheit des Getriebenen." [119]

H. Krapp faßt die in der Sprachform des Woyzeck beschriebenen Phänomena zusammen: Isolierung der Redeteile, expressives Stammeln durch Wortwiederholung, Interjektionen, Satzfraktur und Wortsignale, Weisen des Demonstrativen, gehäufte Verwendung der Partikel, mit denen das Bild einer zerbrochenen und zusammenstürzenden Welt entsteht, wie Ritscher charakterisiert: „Je näher Woyzecks Getriebensein der Katastrophe zueilt, desto mehr verhallen die Worte, ohne im Gegenüber wahre Resonanz zu finden. Die Sprache drückt am Ende nichts als die hoffnungslose Vereinzelung des Menschen aus." [120]

Aus der Eindringlichkeit dieser Sprache spricht Büchners Verhältnis zum Dasein. Wenn alle Beziehungen zerbröckeln, so könnte man deuten, wenn der Lauf der Welt diffus und das persönliche kleine Schicksal diesem diffusen Lauf der Welt eingeordnet ist, wenn harmonische Bezüge nicht mehr herstellbar sind, dann ist auch der Mensch nicht mehr als eine stammelnde Kreatur, im letzten Sinne ‚sprachlos'. Mag auch ein tiefer Pessimismus aus diesem Büchner sprechen, der manchen Deutungen Büchners als ‚Nihilist' Vorschub leistete, er wertet harte Erfahrungen seines Lebens aus, um letztlich doch in der unumstößlichen Bejahung des Daseins, eine Lebensmitte bereitzuhalten. Woyzeck liebt, und damit schafft Büchner einen ‚Helden' mit positiver Weltsicht. Wohl schaffen die Menschen sich ihre Bedingungen, aber sie ändern nicht die ewigen Gesetze der Welt. Gut und Böse liegen dicht beieinander, keiner

119) A. Langen in: J.W. Goette, S. 84
120) H. Krapp in: H. Ritscher, S. 56

ist schuldig. Woyzeck kann dies für sich nicht begründen, er kann dies nur in einem Gefühlsausbruch seinen zukünftigen Anklägern entgegenschleudern: „Teufel! Meint ihr, ich hätt jemand umgebracht? Bin ich ein Mörder? Was gafft ihr? Guckt euch selbst an!" (S. 132)

Büchner enthebt Woyzeck der Anklage; wie auch May begründet: „Dieser Liebende aber ist aus Liebe gestaltet, wie jene verrottete Welt, darin die Fatalität sich auswirkt, aus Haß; und die Gestalt des Dichters appelliert an unsere mitfühlende, mitleidende Liebe als an die Quelle der Bereitschaft und des Entschlusses, eine solche zerstörte Weltordnung nicht mehr auch nur hinnehmend mit zu verantworten. Die Erkenntnis von der Heillosigkeit eines solchen Weltzustandes mündet in das Wissen um die Notwendigkeit und Möglichkeit seiner Erneuerung." [121]

Nach dem ‚Danton‘ und dem ‚Lenz‘ fragt Büchner im „Woyzeck" nach einer weiteren Möglichkeit, den gräßlichen Fatalismus der Geschichte zu überwinden, ohne uns eine Antwort zu geben, die uns aller Probleme enthöbe. Vielleicht ist eine Antwort darin zu suchen auch als Mensch mit ‚Phantasie und Verantwortung‘ weit zurückzugehen an den Ursprung der Schöpfung und aus den Trümmern einer verwirrten Sprache und den versprengten zwischenmenschlichen Beziehungen einen neuen Lebensgrund mit einem neuen Archetyp Mensch zu formen, der bestimmt ist von der unschuldvollen Liebe jedes einzelnen zu Menschsein und Dasein, wie Georg Büchner es tut.

4.3.4 Die Texte im Unterricht

Selbst wenn es nur wenige ausführliche Unterrichtsmodelle zu GEORG BÜCHNER gibt, wie G.P. Knapp (DD/92, S. 569) festhält, und zwischen „Theorie" und „Praxis" eine große Lücke festzustellen ist, macht BÜCHNER es dem Unterrichtenden leicht, Schülern ab Klasse 10 (Hauptschulen 10B) einen spannenden Zugang zu verschaffen. Grundlagenmaterialien und sorgfältige Einzelanalysen bieten sich als verläßliche Quellen

---

121) K. May in: W. Martens, S. 250

und Erschließungshilfen an, so daß auch dem Lehrer, der BÜCHNER erstmals im Unterricht „durchnimmt", keine diesbezüglichen Verlegenheiten entstehen. Der Rest ist ein Stück kooperativen Denkens und Handelns, zwischen Lernenden und Lehrenden ausgemacht, ein Stück gemeinsamer Annäherung an den Autor und sein Werk.

Im Unterricht haben die 5 Haupttexte BÜCHNERS („Der Hessische Landbote") - „Dantons Tod" - Leonce und Lena - „Lenz" - „Woyzeck") unterschiedliche Stellenwerte. Eindeutig dominieren **Danton, Lenz** und **Woyzeck**. Nahezu ein Schattendasein führt im Gegensatz dazu **Leonce und Lena**.

Es bedarf an dieser Stelle kaum einer Ermutigung, sich der **3** Haupttexte - wie sie auch in diesem Band aufgegriffen worden sind - weiterhin eher und mit größerer Aussicht auf unterrichtlichen Erfolg anzunehmen. Dabei wird es immer um **thematische** und **poetische Merkmale** der Texte gehen. Das Stichwort **Handlungsorientierung**, das den Literaturunterricht der Sekundarstufe I in seinen didaktisch-methodischen Dimensionen charakterisiert, hat für die Sekundarstufe II eine qualitativ andere, gleichwohl analoge Bedeutung. In welcher Weise einzelne Elemente eines handlungsorientierten Literaturunterrichts in die Arbeit der SII einbezogen werden können, geht aus der von R. Sudau vorgestellten Unterrichtseinheit zu **Lenz** hervor (DD/92, S. 641-662). Die Einheit umfaßt 15 Unterrichtsstunden in einem Grundkurs 12 und thematisiert in einem anspruchsvollen Zugriff Fragen zur sozialen und individuellen Lebensproblematik, Generationsprobleme, sprachlich-formale Phänomene, literarische Rezeptions- und Adaptionsverfahren, Literaturgeschichtliches, die Symptomatik des Schiziphrenen, um nur die wesentlichen Akzente zu nennen.

Die leitende Themenstellung der Reihe verfolgt „Außenstehende und Ausgestoßene in Erzählung des 19. und 20. Jahrhunderts."

Als Handlungsaktivitäten (neben der mündlich-diskursiven Auseinandersetzung) werden in diese Reihe einbezogen: „Kreativer Umgang mit der Lektüre" - „Schülerreferate" - „Brieflicher Bericht" (DD/92, S. 645-646). Diese Aktivitäten fallen organisch ab und erscheinen in ihrer ungekünstelten, situativen Nutzung absolut plausibel.

Es bietet sich eine vergleichbare Arbeit an **Dantons Tod** („Historische Gestalten in Dramen der Vergangenheit und Gegenwart") und am **Woyzeck** („Leidsituationen im modernen sozialen Drama" - Vergleich mit Hebbel, Hauptmann, Thoma, Brecht, Kroetz u.a.) bereits ab Klasse 10 an.

Besonders der **Woyzeck** eröffnet in dieser Hinsicht wegen seiner Kürze, seines raschen Tempo- und Persepktivenwechsels, der Situationskomik und Ironie, der sich kontinuierlich aufbauenden Spannung und nicht zuletzt wegen seiner plastischen Titelfigur interessante Handlungsanlässe, von denen stichwortartig wenigstens einige angegeben werden sollen:

● Verhör - Gerichtsverhandlung (szenisches Spiel)

● Vertonung des Tambourin-Liedes mit Text (Cassette)

● Ausstaffierung des medizinischen „Labors"
(Requsitenaufbau)

● Briefe, die Woyzeck zu schreiben versucht (fiktive Sit.)

● Monolog Woyzecks vor der Tötung (Rollenidentifikation)

● Woyzecks Garderobe (Requsitensammlung)

● grafische Umsetzung des Dramas
(Schaubild als „Pfeilbewegungs-Diagramm")

● Sammlung von diffamierenden, beleidigenden Aussprüchen der Öffentlichkeit gegenüber Woyzeck

● fiktiver Lebenslauf Woyzecks tabellarisch)

● „Erinnerungen" seiner Lehrer/seines Lehrers
(pointierte Aussagen)

● Zeitungsartikel „J'accuse" (Ich klage an ...)
Moralische Rehabilitierung Woyzecks in einem sozialen Plädoyer

Wie kaum ein anderes (älteres) Bühnenwerk vermag BÜCHNERS WOYZECK auf diese Weise zwischen Vergangenheit und Gegenwart zu vermitteln.

Gerade für Hauptschulklassen ist der **Woyzeck** dann geeignet, wenn es dem Unterrichtenden gelingt, seine Lerngruppe/ Klasse für ethisch-moralische Fragen zu interessieren. „Beleidigung und Diffamierung von Individuen" ist stets ein spannendes Thema. Das Aufgreifen einer literarischen Figur hält dabei den Aspekt des „Moralischen" in einer für die sachliche Diskussion notwendigen Distanz. Der Transfer zu vergleichbaren Situationen stellt sich von selbst her.

Nicht weniger ertragreich ist ein Ansatz, der sich schwerpunktmäßig literarischen Rezeptions- und Adaptionsbeispielen zuwendet und solche ausschnittweise nachvollzieht, variiert. Schneiders Erzählung „Lenz" oder Salvatores Drama „G. Büchner" können im inhaltlich-formalen Vergleich mit den BÜCHNER-TEXTEN zu sehr lebendigen Unterrichtsstunden führen und ganz i.S. situationsangemessener Handlungsorientierung eine Vielzahl kreativer Aspekte abwerfen (**Hörspiel, Foto-Story, Moritat, Dialektfassung**).

Ein Höhepunkt schulischer Arbeit kann ein Theaterbesuch, so dann gerade ein BÜCHNER-STÜCK auf dem Spielplan steht, sein. Wir erwähnten, daß BÜCHNERS BÜHNENSTÜCKE keine Lesetexte allein sind; sie leben von ihrer Realisierung auf der Bühne. Jeder erfahrene Deutschlehrer weiß, wie eine solche Begegnung zurückwirkt auf die Unterrichtsarbeit!

Begegnungen mit BÜCHNER unter den hier angedeuteten didaktisch-methodischen Prämissen versprechen Motivation, Spannung und Erweiterung der poetischen wie auch der kritischen Kompetenz des Schülers, immer noch Leitzielsetzungen eines zeitgemäßen Literaturunterrichts.

5. Nachlese

In dieser zusammenfassenden Betrachtung sollen einzelne Aspekte, die in den vorhergehenden Kapiteln als für das Büchner-Verständnis bedeutsam angesprochen waren, noch einmal gegenübergestellt bzw. ergänzt werden. Im Vordergrund der Betrachtung stehen vier Gedanken:

- Der Aufriß der zentralen Fragestellungen um ‚Nihilismus‘ und ‚Sozialismus‘ sowie der Epochen- und Genrebegriffe, die mit Büchners Werk verknüpft werden. -
- Einige Hinweise zur Wirkungsgeschichte seiner Werke -
- Die Werke auf der Bühne -
- Die Einheitlichkeit von Politik, Dichtung und Weltschau in den angesprochenen Werken, darüber hinaus im Gesamtwerk des Autors.

Es ist einleitend der Versuch unternommen worden, Büchner in drei zentralen Werken als Schriftsteller einzuordnen und seine Aktualität aufzuzeigen. Dabei zielte die Darstellung auf eine Klarlegung von Büchners ideologisch unbesetztem Schreiben und seiner dem wirklichen Menschsein zugewandten Teilhabe an Kunst und Leben. Mehrfach mußte darauf hingewiesen werden, daß die ungeheure Vielschichtigkeit in seinem Werk die Einheitlichkeit nur schwer repräsentabel macht. So wurde aber dennoch zu erkennen gegeben, daß es Büchner um die existenziellen Fragen des Menschen, um die Verwirklichung seines ‚Selbst‘ unter dem Primat der Freiheit einerseits geht, daß in diesem Mühen aber andererseits erhebliche Einschränkungen durch naturgegebene Normen und gesellschaftliche Bindungen bestehen. Unter diesen Vorzeichen liegt in unserem Tun eine gewisse Vergeblichkeit. Büchner teilt kein Programm mit, das Veränderungen ermöglichte, vielmehr sind wir durch seine gleichsam zur Allgemeingültigkeit stilisierten ‚Bild-Aussagen‘ seiner Dichtung, die in der Wirklichkeit wurzelt, zum Mitdenken und Mithandeln aufgerufen. Es ist ausgeführt worden, daß in den hier vorgestellten Werken Büchners nichts Zufälliges und isoliert Stehendes erkennbar ist. Seine Werke bilden einen organischen Zusammenhang. Naturgemäß sind in seinem künstlerischen Schaffen parallel zu seiner menschlich-persönlichen Reifeentwicklung Phasen und Übergänge abzulesen. Sie können in zwei Folgen sehr grob voneinander abgehoben werden: Auf der ersten Stufe bildet er vornehmlich theoretisch den Gegensatz von ‚Individuum und Gesellschaft' aus und schließt konkret mit dem politischen Pamphlet des „Hessischen Landboten" ab. Mit dem Erkennen des ‚Fatalismus der Geschichte' stößt Büchner sodann in einer zweiten Entwicklungsphase in die dichterische Aussage der allgemeinen existenziellen Problematik vor. In ‚Dantons Tod', ‚Lenz', ‚Leonce und Lena' und ‚Woyzeck' ersterben öffentliches und privates Leben. Es bleibt der Rückzug in eine melancholisch-nostalgische Stimmung aufgrund der intellektuellen Distanzierungsfähigkeit von der Wirklichkeit; wo diese nicht gegeben ist, wird die Existenz in einem wachsenden Kommunikationsentzug zersetzt oder vernichtet. Beinahe zwingend mußten sich daraus in der Büchner-Forschung zwei Haupttendenzen ableiten: eine, die dem ‚Nihilismus' in den Werken des Dichters das Wort reden will; eine andere, die den ‚Sozialismus' in ihnen betont.

Er ist eingangs darauf hingewiesen worden, daß einseitige Auslegungen dem Werk nicht gerecht werden können. Jeder so oder so festgelegte Interpretationsgang muß die Werke jeweils ‚systemkonform' lesen und sie damit verzerren. Es hat sich in der Forschung herausgestellt, „daß die Kategorien des Nihilismus (...) für eine Annäherung an das Werk Büchners nicht in Frage kommen kann und sollte", [122] weil letztendlich auch die zuständige Wiederkehr der Grundempfindungen von ‚Schmerz', ‚Leid', ‚Angst' und ‚Daseinsleere' in Büchners Werk weder eindeutig ein bestimmtes Weltbild belegen noch die Abkehr von der Transzendenz begründen helfen.

Ebensowenig vermögen alle Versuche, Büchner als Exponenten einer materialistischen Weltauffassung darzustellen, mehr als hilfreiche Denkansätze darzubieten. Auch hier kann der Interpretationsgang nur partiell in diesem Sinne belegbar sein

122) G. P. Knapp, S. 120

gerade wegen des Nuancierungsreichtums in Büchners Werk. Mit Nachdruck muß auch darauf hingewiesen werden, daß eine voreilige poetologische Fixierung von Büchners Werk, die Übernahme gängiger Epochen- oder Genrebegriffe wie ‚Realismus' - ‚Geschichtsdrama' - ‚Soziales Drama' abzulehnen ist. Auch hier gelangt Knapp zu dem Ergebnis, daß keine der Untersuchungen in diesem Forschungsbereich hinreicht, um die Begriffe definitorisch abzusichern. [123] Der Deutschlehrer wird daher gut daran tun, die Begriffe mit seinen Arbeitsgruppen zu hinterfragen und nicht Teilaspekten der Werke nachzugehen, um die ‚eingebürgerten' Termini gar zu bestätigen. –

Im 3. Kapitel ist der bedeutsame Anteil erwähnt worden, den die Künstler - Schriftsteller und Theaterleute - an der Entfaltung einer Wirkungsgeschichte Büchners selbst nehmen, sei es durch beispielhafte Dichter-Portraits, Reden oder Inszenierungen seiner Bühnenwerke, sei es durch Formen der Dichtung selbst, die die Persönlichkeit Büchners als Ausgangspunkt haben, oder dem Einfluß von Motiv und Technik seiner Dichtung entspringen. Die Zugänge sind höchst unterschiedlich, die Aussagen überaus aufschlußreich, was die Aufnahme und den Einfluß des Büchner-Nachlasses betrifft.

Wie erwähnt, setzt das anhaltende Interesse an Büchner und damit die Intensivierung seiner Rezeption erst nach dem 2. Weltkrieg ein. Im deutschsprachigen Raum konzentriert sich das Augenmerk auf den Gesellschaftskritiker Büchner hier, auf die verzweigte Persönlichkeit da. Trotz Akzentverschiebungen bleiben Einseitigkeiten nahezu ausgeschlossen, wenngleich auch hier, beispielsweise durch H. M. Enzenberger, der Sozialrevolutionär sehr eindringlich in den Vordergrund gerückt wird. Überwiegend geht es um Fragen der Ästhetik, um die Einheit von Dichtung, Kunst, Politik und Wissenschaft in Werk und Persönlichkeit des Dichters. Aus dem Reigen der Portraits verdient Otto Flakes frühe Würdigung herausgehoben zu werden (1917). Der Schriftsteller, dessen Erzählungen und Romane lange Zeit verkannt wurden, setzt sich für eine verstärkte Zuwendung zum Werk Büchners ein, dessen Gegenwärtigkeit

---

123) G. P. Knapp, S. 129

von ihm apostrophiert wird. Seine Bemühungen haben erheblich dazu beigetragen, daß Büchners dichterisches Werk nach und nach zur Weltgeltung gelangte.

Die Reden zeigen ebenfalls verteilte Ansätze. Während einige Büchner-Preisträger in autobiografischer Färbung mehr ihre eigene Position zu bestimmen suchen, wenden andere ihre Aufmerksamkeit sehr gezielt dem Menschen und Künstler Büchner zu. Erwähnenswert ist unter Berücksichtigung unserer Fragestellung insbesondere die Rede von Max Frisch aus dem Jahre 1958. Sie ist, obwohl mehr als 30 Jahre alt, ungeheuer aktuell. Frisch kommt in seinem Bekenntnis zur Wahrhaftigkeit den eigenen Worten des engagierten Autors Büchner sehr nahe, als er schrieb: „Wir können das Arsenal der Waffen nicht aus der Welt schreiben, aber wir können das Arsenal der Phrasen, die man hüben und drüben zur Kriegsführung braucht, durcheinander bringen, je klarer wir als Schriftsteller werden, je konkreter nämlich, je absichtsloser in jener bedingungslosen Aufrichtigkeit gegenüber dem Lebendigen, die aus dem Talent erst den Künstler macht. Alles Lebendige hat es in sich, Widerspruch zu sein, es zersetzt die Ideologie, und wir brauchen uns infolgedessen nicht zu schämen, wenn man uns vorwirft, unsere Schriftstellerei sei zersetzend. Wir brauchen's nicht an die große Glocke hängen; aber das ist ja unser Engagement." [124]

Es ist nicht verwunderlich, daß Büchners so facettenreiches Leben darüber hinaus Schriftsteller animiert, es zum Gegenstand ihrer schriftstellerischen Bemühungen zu machen. Verwunderlich dagegen ist, daß in den knapp 140 Jahren nach seinem Tod nicht mehr als gut 25 Dichtungen zustandegekommen sind, in deren Zentrum die Gestalt des Dichters Georg Büchner steht. Goltschnigg analysiert sie vergleichend und legt die unterschiedlichen Denkansätze und Formen der Bewältigung dar. Bei allen Unterschieden der mehr oder minder qualifizierten Versuche der von ihm verglichenen Autoren, bleibt ein Gemeinsames erkennbar: „die Achtung vor seiner

---

124) E. Johann, S. 65

(Anm.: Büchners) ungewöhnlich vielbegabten Persönlichkeit".
[125)]

Nur wenige ragen aus der Zahl der Autoren in diesem Feld heraus; nach unserer Ansicht sind dies Robert Walser mit seiner Erzählung und seiner Skizze, Kasimir Edschmid mit seinem Roman „Wenn es Rosen sind, werden sie blühen" und Franz Theodor Csokors Dramatisierung von Büchners Leben mit dem Titel: „Gesellschaft der Menschenrechte." Beide, Roman und Bühnenwerk, gelten als sehr authentische Werke. Beide Autoren schreiben aus einer absolut verfügten Sachkenntnis, stilistisch zudem sehr gekonnt.

Csokors Dramatisierung enthält eine sehr ausgeprägte sozialkritische Tendenz. Trotz des sehr engen Quellenbezuges gewinnt sie vornehmlich dadurch Eigenständigkeit, daß der Autor in ihr Büchner als politischen Anführer auf die Bühne bringt, der den radikalen gesellschaftlichen Umsturz will. Die Technik der Verflechtung von Dichtung und Wirklichkeit ist in diesem Stück an dem dichterischen Gegenstand und Vorbild geschult.

Csokors Drama verschwand nach anfänglichen großen Erfolgen von den Bühnen, als der Autor sich aktiv gegen die Kulturpolitik des 3. Reiches stellte.

Während bis zur Jahrhundertwende ausschließlich ‚Dantons Tod‘ kopiert oder variiert wird, während aus ihm Motive und dramaturgische Prinzipien aufgegriffen werden, strahlen von der Jahrhundertwende an auch die übrigen Werke Büchners auf die Literatur aus und beeinflussen so bedeutende Schriftsteller wie G. Hauptmann, F. Wedekind, H. V. Hofmannsthal, Ö. v. Horvath, B. Brecht und C. Zuckmayer - aber auch jüngere wie W. Borchert, M. Frisch, M. Walser, P. Weiß, P. Schneider, G. Zwerenz.

Mit diesem Namen ist die Liste bei weitem nicht erschöpft. Es sei aber erlaubt, sich den Wirkspuren Büchners bei G. Hauptmann, W. Borchert und P. Schneider etwas eingehender zuzuwenden. Dies aus folgenden Gründen:

---

125) D. Goltschnigg, S. 99

- G. Hauptmann begründet Büchners Rang als exponierter Schriftsteller in Deutschland und leitet die weiteren Wirkungen in der literarischen Öffentlichkeit ein -
- W. Borchert teilt nicht nur den Genius der Jugend mit ihm, sondern zählt, ebenso wie Büchner, zu den eigenwilligsten Sprachschöpfern in der deutschen Literatur -
- P. Schneider schließlich ist Repräsentant der jüngeren Generation, er artikuliert die Befindlichkeit der Gesellschaft unserer Tage.

Es geht hierbei um die Erzählung „Bahnwärter Thiel" (Hauptmann), das Drama „Draußen vor der Tür" (Borchert) und die Erzählung „Lenz" (Schneider). Sie gehen alle drei auf Büchners ‚Lenz' und ‚Woyzeck' zurück.

Mit Hauptmann erkennen die deutschen ‚Naturalisten' in Büchners Ästhetik Vorformen ihrer eigenen Überzeugungen, daß in der Kunst allein das Leben abzubilden sei, aus Dramen und der Erzählung erhalten sie Urbilder des leidgeprüften und zum ewigen Leiden verurteilten Menschen. In der genannten Erzählung greift Hauptmann sodann äußere Handlungsmerkmale des Lenz auf, entwickelt ähnlich wie Büchner die paranoiden Grundzüge seines Helden bei der Gestaltung des progressiven Wahnsinns und dynamisiert die Erzählung durch die (bei der Besprechung des ‚Lenz' aufgewiesene) Technik des Kontrastierens. Auch zum Woyzeck gibt es deutliche Parallelen in der sexuellen Abhänigkeit Thiels von Lene und in der Akzentuierung des gleichen schicksalhaften Gebundenseins Thiels an das Negativritual seines gleichförmigen Lebens.

Hauptmann besitzt die große Gabe des Fabulierens aus dem Volkston heraus wie kaum ein zweiter in der deutschen Literatur. Hauptmanns Lebens- und Weltsicht zufolge ist alles Schreiben ein sozialer Akt, so daß in seinem Werk die Abbildung des Elementaren in Handeln, Dialog und gar im eigenen Sprechen wesentlich, funktional und für ihn kennzeichnend werden. Es ist Hauptmanns große, von einem sicheren Kunstverstand geleitete Existenz, die Büchner aufnimmt und in ihrer wachsenden Lebensreife internalisiert, ohne ihn zu kopieren oder in falscher Eitelkeit aus dem Prozeß des eigenen Schaffens zu verdrängen. Im Gegenteil, Hauptmanns Verehrung für Büchner ist beinahe sprichwörtlich.

So sprechend, so direkt sind Büchners Wirkspuren in Borcherts Werk nicht anzutreffen. Es ist bekannt, daß sich in Borcherts Nachlaß Büchners Gesamtwerk befunden hat; ebenso undenkbar wie im Fall Hauptmanns ist daher eine Entlehnung von Motiven oder Technik auszuschließen, die aber nicht als plumpes Nachahmen hinzustellen sind. Am eindrucksvollsten weist sich Büchners ‚Nähe‘ im Dialog Beckmanns mit dem Kabarettdirektor in Borcherts Drama „Draußen vor der Tür" aus. Die Heimkehrer Beckmann, durch den Kieg ebenso entwurzelt wie Woyzeck durch seine permanente Bereitschaftssituation als Bursche, sozial und psychisch isoliert, begeht Selbstmord. Die Schlichtheit und Würde des Verzweifelten tritt in dem monologischen Kreisen Beckmanns zutage, als dieser sich beim Kabarettdirektor um eine Anstellung bemüht.

Auch Beckmann bleibt ein ‚Niemand‘. Er bleibt ohne Chance, der ‚großen Verantwortung‘ anderer ausgeliefert, die sie im Munde tragen wie der Hauptmann, der Doktor, der Kabarettdirektor, die sie sich leisten können. Suchen wir nach einem übereinstimmenden Grundtenor beider Dichter in ihrem Verhältnis zur Welt, zum Leben und zum Menschen, so muß auf Borcherts Seite sein Bekenntnis zur Daseinsbejahung in dem Manifest mit den Worten: „Wir wollen die Steine in den Städten lieben ... [126] dem Glaubensbekenntnis Büchners zur Seite gestellt werden: „Man muß die Menschheit lieben ..." [127]

Der 1940 in Lübeck geborene Peter Schneider folgt Büchners Erzählung hingegen bis in den Stil und die Erzähltechnik hinein. Aufgrund der so deutlichen Übereinstimmung spricht Goltschnigg von einer „Paraphrasierung literarischen Lehnguts". [128] Dieser Begriff, den man auch in der Musik antrifft, ist insofern treffend, als Schneider ‚umschreibend und verzierend‘, Themen der Sexualität und Gesellschaftskritik weitaus stärker hervorhebt, als Büchner dies im Original tut, und seiner Erzählung durch den autobiografischen Grundzug eine andere Art

---

126) W. Borchert, S. 314
127) G. Büchner, S. 72 (dtv)
128) D. Goltschnigg, S. 274

von Realität verleiht. Sein Held, ein junger Intellektueller, sucht im Europa unserer Tage, den Widerspruch zwischen Ideologie und Praxis des Arbeiterstandes und seiner Beziehung zur übrigen Gesellschaft aufzudecken und zu harmonisieren. Er scheitert, kommt aber zu einer neuen Lebenseinsicht. Schneider stellt diesen Vorgang auf 90 Seiten dar. Für seinen Lenz zieht das Scheitern allerdings nicht den vernichtenden Sturz in den Wahnsinn nach sich, sondern dieser Lenz versucht, als er nach Berlin zurückgekehrt ist, den Anschluß an die Veränderungen zu finden, die in der Zeit der Abwesenheit ohne ihn stattgefunden haben. Ein knapper Textausschnitt soll hier illustrieren, wie Schneider die Erzähltechnik handhabt. Wichtiger als das ist die Erkenntnis, daß Büchners ungeminderte Aktualität es offensichtlich erlaubt, daß Autoren 150 Jahre nach ihm sich seiner sprachlichen Mittel bedienen.

„Er kleidete sich an und ging aus dem Haus. Es wurde gerade hell, in dem Licht sah die Stadt aus, als ob sie gerade aus dem Meer aufgetaucht würde. Die Straßen waren leer und glatt, wie vom blauem Eis überzogen, ein paar Zeitungsblätter lagen regungslos in den Rinnsteinen, wenige Autos standen da, totes Ungeziefer, das von den Wänden gefallen war ...
Anfangs lief er mit großen schweren Schritten, seine Glieder zogen an ihm, es war, als hätte er Blei in den Fingern und Zehen. Dann fing er an zu rennen, erst langsam, mit gleichmäßigem Atem, dann schneller, in einem Hauseingang löste sich ein Paar erschreckt aus einer Umarmung ... Einmal, als er die Straße hinaufschaute, war ihm, als sei dort die Stadt zuende, als öffnete sich dahinter eine unbekannte Landschaft, aber er konnte nicht mehr, er blieb keuchend stehen. Irgendwo ein Wecker, Fenster wurden geöffnet, Radiomusik kam heraus, in einem Hinterhof wurde ein Motor angelassen. Als Lenz zurückging, war die Angst weg, er fühlte sich leicht." [129]

Diese Passage deckt sich stimmungsmäßig und stilistisch mit der Schilderung Büchners von der Ankunft Lenz' bei den Ober-

---

129) P. Schneider, S. 12

lins „Es war, als ging ihm was nach und als müsse ihn was Entsetzliches erreichen, etwas, das Menschen nicht ertragen können, als jage der Wahnsinn auf Rossen hinter ihm. Endlich hörte er Stimmen; er sah Lichter ...“[130]

Selbst wenn in diesen knappen Exkursen der Eindruck erweckt wird, als habe der ‚Lenz‘ die stärkere Wirkung, so weist Goltschnigg in der Zusammenstellung der von Büchner beeinflußten Dichtungen auf die außerordentliche Ausstrahlung des ‚Woyzeck‘ hin.

* * *

Zur lebendigen Anteilnahme der breiteren Öffentlichkeit an Büchners Werk haben erheblich die ‚Theater‘ beigetragen. Sie waren in erster Linie das Medium der Vermittlung. Selbst wenn kritisch eingewendet werden kann, daß mit dem Theater die bürgerliche Oberschicht ‚ihre‘ Bildungsinstitution besaß, von der weite Kreise der Bevölkerung ausgenommen blieben, ändert das daran nichts, insofern als in zunehmendem Maße gerade Berlin und München als große Zentren des künstlerischen Lebens in Deutschland um das Erreichen auch der Masse bemüht waren. Literatur und Kunst ganz allgemein waren zu Beginn unseres Jahrhunderts bis in die dreißiger Jahre in diesen Städten beheimatet und gaben förderliche Impulse auf das kulturelle Leben der ‚Provinz‘ ab.

Im Kapitel zu ‚Dantons Tod‘ ist darauf aufmerksam gemacht worden, daß Büchners Werke von ihrer Bühnenwirksamkeit her ‚gelesen‘ werden müssen, sie mögen auch davor verschont bleiben, zu Schullesetexten allein degradiert zu werden. Die lebhafte, im ganzen kontinuierlich verlaufende Rezeption durch die Bühnen soll mit Hinweisen auf markante Ereignisse des deutschen Theaterlebens an dieser Stelle auf knappstem Raum abgehandelt werden. [131]

Es liegt auf der Hand, daß ‚Dantons Tod‘ Büchners Bekanntheitsgrad zu entfachen begann, deswegen, weil er verständli-

---

130) G. Büchner, S. 66 (dtv)
131) Der **Woyzeck** behauptet sich am eindringlichsten auf den deutschen Bühnen; vgl. H. Daiber S. 76, 306, 310.

cher und ‚weniger problematisch', daher verträglicher zu konsumieren war, als etwa der „Woyzeck". Zwischen der Uraufführung des ‚Danton' (1902) und weiteren Inszenierungen (1910/1911) liegen immerhin acht Jahre. Folgt man Penzoldts Angaben (vgl. Literaturverzeichnis), so verbindet sich mit diesen Aufführungen der Name des großen Regisseurs Leopold Jeßners. Für ihn und das Stück werden seine Aufführungen zu einem großen Erfolg. Auch wenn dem Regisseur eher ein pralles, lebensvolles Revolutionsbild zu entwerfen gelingt, so hebt die Kritik doch die geglückte Übereinstimmung der dramaturgischen Ansätze von Autor und Regisseur hervor: „Der expressive Zug in Büchners Werk und Jeßners Bühnenexpressionismus ergänzten sich trefflich." [132]

Max Reinhard übertrifft mit seiner Danton-Inszenierung aus dem Jahre 1916 seinen Vorgänger. Seine große Regie überwältigt das Publikum, das ganz in die turbulente Revolutionsszenerie einbezogen wird durch eine monströse und heftige, geräusch- und farbenfrohe Kulisse.

Aus den Erinnerungen an die Aufführung Hans Scheikarts 1951 wird die zurückhaltende Darstellung der Straßenszenen angemerkt. Stattdessen konzentriert er seine Regie auf die Freisetzung eines mitreißenden Danton, der sich von Büchners Dramen-Figur weit entfernt, ein feuriger Revolutionär voller Lebenstrotz und Aggressivität.

Zu den Höhepunkten aller Danton-Inszenierungen gehören die Gustav Gründgens (1939/1958), die streng an der Historie ausgerichtet sind. Die Kritik lobt einmütig das bruchlose Ineinandergreifen der Charaktere und Handlungen aus dem Blickwinkel einer zur Alltäglichkeit gewordenen Revolution, die das große Pathos verloren hat, als „großes Theater mit höchster geistiger Intensität." [133]

Ähnlich streng im Vermeiden alles Opernhaften bleibt Fritz Kortners ‚Danton' aus dem Jahre 1958. Kortner, der selber häufig die Rolle des Danton gespielt hat, verzichtet auf den bombastischen Rausch der Revolution und betont in seiner Regie eine lehrhafte Absicht. Wie Gründgens tritt er aus der an

132) G. Penzoldt, S. 59
133) G. Penzoldt, S. 59

Rauschhaftigkeit und Plastizität gebundenen Danton-Inszenierungs-Tradition heraus, um eine größere Nüchternheit anzustreben.

Die großartigsten und Büchners Vorstellungen wohl am nächsten kommenden Aufführungen gelingen den Regisseuren am ‚Woyzeck'. Das hängt sicherlich mit der Figur des Titel-Helden einerseits und mit der Darstellungskraft einiger ‚typischer' Woyzeck-Darsteller zusammen. Die Reihe beginnt mit Eugen Kilians meisterhafter Darlegung der tragischen Psychologie Woyzecks, führt über Max Reinhardt, Jürgen Fehling, Oscar Fritz Schuh bis hin zu Ulrich Erfurth. Mit ihnen sind zu nennen Steinrück, Klöpfer, Meisel und Schweiger als unvergessene Darsteller des Woyzeck.

Wie schwierig es ist, Büchner ‚büchergemäß' auf die Bühne zu bringen, belegt die Tatsache, daß es bis heute wohl noch keinem Theater nach Meinung kompetenter Kritik gelungen ist, „Leonce und Lena" als ‚gemeistertes Ganzes' [134] zu verwirklichen. Selbst die einzige über dem Niveau liegende Inszenierung Fritz Kortners (1963) bleibt in dieser Hinsicht der Komödie vieles schuldig, da der Regisseur das Stück aus der ihm eigenen Genialität mit sehr persönlichen Einfällen und Effekten auflädt.

Die sehr eigene, nicht ohne Widersprüchlichkeiten gebliebene ‚Theaterlaufbahn' der Werke Georg Büchners spricht für immer wieder neue Entdeckeraufgaben, die auf jeden Büchner-Rezipienten zukommen. Man muß dabei jedem Leser, Zuschauer - natürlich erst recht jedem Regisseur, Bühnenbildner, Schauspieler - zubilligen, in die eigene Artikulation einen ganz subjektiven Ausdruck ihres Verständnisses einzubringen. Das schließt erfreulicherweise fade Gleichheit aus. Wesentlich ist allein die ehrliche Anteilnahme eines jeden, der sich mit Werk und Persönlichkeit des Dichters auseinandersetzt, um in eine kompetente Kommunikation treten zu können.

-   Büchners von Zweifeln und Fragen gezeichnetes Werk weist über die Probleme seiner eigenen Zeit und seines eigenen Lebens hinaus.

---

134) G. Penzoldt, S. 62

- Sein Werk spiegelt seine Doppelbegabung in der rationalen Durchdringung und zusammengefaßten künstlerischen Äußerung als Wissenschaftler und Dichter.
- Aus der Disharmonie der Welt leitet Büchner das Bild des versprengten, isolierten Menschen ab und leitet in der Literatur die ‚neue Sicht des Menschen‘ ein.
- Sein expressiver Stil zeigt mit den schroffen Gegensätzen eine andere Lebensempfindung und einen anderen Ausdruckswillen an.
- Sein Bekenntnis zum Menschen bezeugt seinen positiv denkenden Geist, dessen hier vorgestelltes ‚Tryptichon der Destruktion‘ auf seiner Kehrseite den Ursprung der Schöpfung versinnbildlicht: alles Leben aus dem Chaos.
- Sein soziales Engagement ist nicht gleichzusetzen mit ideologischem Eifern. Büchners Verantwortung für alles Lebendige ist ihrem Wesen nach pazifistisch; sein politischer Beitrag an die Welt ist weniger Gewalt als vielmehr die Versöhnung. [135]

---

135) So schreibt G. P. Knapp: „(...) Erst dann, wenn es einmal gelänge, das menschliche Kräftepotential freizusetzen, wäre staatliche Gewalt überflüssig und die Emanzipation des Menschen endlich ins Werk zu setzen. Auf diesen Zustand zielt, (...), Büchners eigenes politisches Denken." - DD/92, S. 598.

6. Literaturverzeichnis

Georg Büchner: Werke und Briefe. München (dtv) 1974
Georg Büchner: Gesammelte Werke. München (Goldmann)
    1980

* * *

Herbert Anton: Büchners Dramen. Topographien der Freiheit.
    Paderborn 1975
Marianne Beese: Georg Büchners Ästhetik. Leipzig 1983
Luise Büchner: Ein Dichter. Novellenfragment (herausgegeben
    von Anton Büchner). Darmstadt 1965
Kasimir Edschmid: Georg Büchner. Eine deutsche Revolution.
    Frankfurt 1980
Dietmar Goltschnigg: Rezeptions- und Wirkungsgeschichte
    Georg Büchners. Kronberg/Ts. 1975
Frederik Hetman: Georg B. oder Büchner lief zweimal von
    Gießen nach Offenbach und wieder zurück. Weinheim und
    Basel 1981
Walter Hinderer: Büchner-Kommentar zum dichterischen
    Werk. München 1977
Gerhard Jancke: Georg Büchner. Genese und Aktualität
    seines Werkes. Kronberg/Ts. 1975
Ernst Johann: Georg Büchner in Selbstzeugnissen und Bild-
    dokumenten. Hamburg 1969
Gerhard P. Kanpp: Kommentierte Bibliographie zu Georg
    Büchner. In: Text und Kritik: G.B.I/II. München 1979,
    S. 426-455
Gerhard P. Knapp: Georg Büchner. Ein kritische Einführung in
    die Forschung. Frankfurt 1975
Gerhard P. Knapp: Georg Büchner. Stuttgart (Sammlung
    Metzler) 1977.
Wolfgang Martens (Hg.): Georg Büchner. Wege der For-
    schung. Darmstadt 1973
Hans Mayer: Georg Büchner und seine Zeit. Frankfurt 1972

Albert Meier: Georg Büchners Ästhetik. München 1983
Günther Penzoldt: Georg Büchner. Velber ³1972
Henri Poschmann. Georg Büchner - Dichter der Revolution und Revolution der Dichtung. Berlin/Weimar 1983
Werner Schlick (Hg.): Dichter über Büchner. Frankfurt 1973
Wolfgang Wittkowski: Georg Büchner. Persönlichkeit, Weltbild, Werk. Heidelberg 1978

* * *

Ludwig Fischer (Hg.): Zeitgenosse Büchner. Georg Büchners Leben und Werk - als Thema und Stoff von Literatur - als Analogie zu aktueller Erfahrung. Stuttgart 1979
Herbert Heckmann: Büchner Preisreden 1972-1983. Stuttgart 1984
Ernst Johann: Preisreden 1951-1972. Stuttgart 1972 u.ö.

* * *

Peter v. Becker: Die Trauerarbeit im Schönen. „Dantons Tod" - Notizen zu einem neugelesenen Stück. In: P. v. B. „Dantons Tod". Frankfurt 1980
Alfred Behrmann/ Büchner. Dantons Tod.
Joachim Wohlleben: - Eine Dramenanalyse. Stuttgart 1980
Josef Jansen: Georg Büchner. Dantons Tod. Stuttgart 1969 u.ö.
Gerhard P. Knapp: Georg Büchner. Dantons Tod. Frankfurt 1983
Gerhard P. Knapp: „Dantons Tod": Die Tragödie des Jakobinismus. In: Diskussion Deutsch (DD/92), 1986 (Heft 92), Zeitschrift für Deutschlehrer aller Schulformen in Ausbildung und Praxis. Frankfurt 1986, S. 581-598
Hans Ritscher: Dantons Tod. Frankfurt 1975
Bernd Jürgen Warneken: Georg Büchner. „Dantons Tod". Ein Drama. Mit Materialien. Stuttgart 1979

* * *

Hubert Gersch: Georg Büchner - Lenz. Studienausgabe. Stuttgart 1984

Karlheinz Hasselbach: Georg Büchner. Lenz. Interpretation. München 1986

Friedhelm Kicherer: Georg Büchner. Der Hessische Landbote - Lenz - Leonce und Lena. Hollfeld 1983

Josef Kunz (Hg.): Georg Büchner. Lenz. In: Josef Kunz. Die deutsche Novelle im 19. Jahrhundert. Berlin 1970, S. 199 - 209

Rolf Lüscher: Einige Versuche im Grundlosen um Georg Büchners „Lenz". Bern-Frankfurt 1982

Reiner T. Menke: Lenz - Erzählungen in der deutschen Literatur. Hildesheim-Zürich-New York 1984

Gerhard Schaub (Hg): Georg Büchner. Lenz. Stuttgart 1987

Jürgen Schröder: Büchners „Lenz". In: Georg Büchner: Lenz. Erzählung mit Oberlins Aufzeichnungen „Der Dichter Lenz im Steinthale". Frankfurt 1985

Ralf Sudau: Annäherungen an Büchners „Lenz". Ein Unterrichtsversuch in einem Grundkurs der Jahrgangsstufe 12. In: Diskussion Deutsch (DD/92), 1986 (Heft 92), S. 641-662

Richard Thieberger: Georg Büchner. Lenz. Frankfurt 1985

Bo Ullmann: Zur Form in Georg Büchners „Lenz". In: Impulse. Festschrift für Gustav Korlén. Herausgegeben von H. Müssener und H. Rissipal. Stockholm 1975, S. 161-182

Hans-Dieter Weber (Hg.): Georg Büchner, „Lenz" und Oberlins Aufzeichnungen in Gegenüberstellung. Stuttgart 1974

* * *

Norbert Abels: Die Ästhetik des Pathologischen. Zu Georg Büchners „Woyzeck". In: Diskussion Deutsch (DD/92), S. 614-640

Hermann v. Dam: Zu Georg Büchenrs „Woyzeck". In: Akzente I, 1954, S. 86

Hans Mayer: (Dichtung und Wirklichkeit). Woyzeck, Frankfurt 1962 u.ö.

Albert Meier: Georg Büchner. „Woyzeck". München 1980

Karl Schuster: Georg Büchner. Woyzeck. Materialien und
   Arbeitsvorschläge. Bamberg 1981
Bo Ullmann: Die sozialkritische Thematik im Werk Georg
   Büchners und ihre Entfaltung im „Woyzeck".
   Stockholm 1972
Hans Ritscher: Woyzeck. Frankfurt 1975

* * *

Otto Bantel: Grundbegriffe der Literatur. Frankfurt 1974
Walter Biemel: Jean-Paul Sartre in Selbstzeugnissen und
   Bilddokumenten. Hamburg 1964
Horst Bingel (Hg.): Phantasie und Verantwortung.
   Frankfurt 1975
Wolfgang Borchert: Das Gesamtwerk. Hamburg 1959
Hans Daiber: Deutsches Theater seit 1945. Stuttgart 1976
Margret Dietrich/Paul Stefanek: Deutsche Dramaturgie von
   Gryphius bis Brecht. München 1965
Peter Fischer (Hg.): Reden der Französischen Revolution.
   München 1974
Jürgen W. Goette: Methoden der Literaturanalyse im 20.
   Jahrhundert. Frankfurt 1975
Hans-Egon Hass (Hg.): Die deutsche Literatur. Texte und
   Zeungisse (Band V/1) - Sturm und Drang, Klassik, Roman-
   tik 1. München 1966
Hermann Kesten: Die Lust am Leben. München 1970
Herbert Krämer (Hg.): J.M.R. Lenz. Die Soldaten. Erläuterun-
   gen und Dokumente. Stuttgart 1974
Siegried Lenz: Beziehungen - Ansichten und Bekennt-
   nisse zur Literatur. München 1972
Ivar Lissner: Wir sind das Abendland. Freiburg 1971
Karl Ploetz: Hauptdaten der Weltgeschichte. Würzburg 1972
Josef Schillemeit (Hg.): Deutsche Dramen von Gryphius bis
   Brecht. Frankfurt 1974
Gaston Salvatore: Büchners Tod. Frankfurt (edition Suhrkamp
   621). 1972
Peter Schneider: Lenz. Eine Erzählung. Berlin 1974

Paul Sethe: Die großen Tage. Von Mirabeau bis Bonaparte. München 1965

Friedrich Sieburg: Fränzösische Geschichte. Stuttgart 1964

Ulrich Staehle (Hg.): Theorie des Dramas. Stuttgart 1973

Florian Faßen (Hg.): Restauration, Vormärz und 48er Revolution. Stuttgart 1975

Benno v. Wiese: Novelle. Stuttgart ⁶1975

Benno v. Wiese: Die deutsche Novelle von Goethe bis Kafka. Band I/II. Düsseldorf 1962

Hans Wysling: Zur Situation des Schriftstellers in der Gegenwart. Bern 1974

* * *

Gernd Frank/Joachim Stephan: Der Schüler als Leser. Textrezeption und Literaturunterricht. Freiburg 1979

Gerhard Haas: Lesen als mehrspektivisch-situationsbezogener Prozeß. Literatur im Unterricht. Stuttgart 1982

Gerhard Haas: Handlungs- und produktionsorientierter Literaturunterricht in der Sekundarstufe I. Hannover 1988

Jakob Lehmann (Hg.): Deutsche Novellen von Goethe bis Walser. Interpretationen für den Literaturunterricht. Band I/II. Königstein 1980

Edgar Neis: Klassiker wieder aktuell? - Zehn Interpretationsbeispiele aus der Schulpraxis. Freiburg 1979

Franz-Josef Payrhuber/Albrecht Weber: Literaturunterricht heute - warum und wie? Freiburg 1978

Gerhard Rupp: Kulturelles Handeln mit Texten. Fallstudien aus dem Schulalltag, Paderborn-München-Wien-Zürich 1987

Theodor Rutt (Hg.): Curriculare Probleme. Ratingen 1974

Hans-Jürgen Skorna: Zur didaktischen Erschließung politischer Dichtung. Bochum 1972

Karl Stocker: Praxis des Literaturunterrichts im Gymnasium. Freiburg 1979

Gisela Wilkending: Ansätze zur Didaktik des Literaturunterrichts. Weinheim und Basel 1973

* * *

Anmerkung:

Für die Hand des fortgeschrittenen Schülers, des Studieren-
den oder des Unterrichtenden sind erfahrungsgemäß die
Bände **„Erläuterungen und Dokumente"** des RECLAM VER-
LAGS STUTTGART („grüne Reihe") am ergiebigsten.

Bei <u>G. Schaub</u> findet der Leser zur LENZ-ERZÄHLUNG wei-
tere wichtige Titel, auch solche, die darüber hinausgehen. -
Studien zu den Krankheitssymptomen und pathologischen
Befunden müssen häufig in schwerer zugänglichen Fachzeit-
schriften aufgesucht werden, die in der Regel eher den intensiv
Forschenden als den Lernenden und vielfach auch den Unterrichtenden unmittelbar interessieren. Auf die Angabe solcher
Titel haben wir verzichtet, weisen jedoch auf den Band der
Zeitschrift **DISKUSSION DEUTSCH/92, FRANKFURT 1986**
hin, der BÜCHNER ausschließlich gewidmet ist. In dieser Zeit-
schriftennummer findet der Leser eine Fülle an verfolgenswer-
ter Literatur.

SCHACHBÜCHER IM BEYER-VERLAG

Günter Lossa
So lernt man Schach
Ein Leitfaden für Anfänger des königlichen Spiels
108 Seiten
124 Diagramme
7 Fotos

Schach gilt als das vollkommenste Brettspiel, das wir kennen. Phantasie, strategisches Geschick und taktisches Einfühlungsvermögen sind erforderlich um eine gute Partie Schach spielen zu können. Diese Eigenschaften werden neben dem gründlichen Erlernen der Spielregeln durch dieses Buch geweckt und geschult. Nicht langatmige theoretische Erläuterungen sondern praktisches Nachspielen ausgesuchter Lehrbeispiele in zusammenhängenden Spielabläufen machen dem Anfänger jeden Alters die tiefgründigen Gedankengänge der Figurenbewegungen auf den 64 Feldern leicht verständlich.

Claude Santoy
Bernd Feustel
Schule des Schachs
Vorwort von Großmeister Lothar Schmid
160 Seiten
250 Diagramme
150 Fotos

Die französische Schachmeisterin Claude Santoy und der für die deutsche Überarbeitung des Originals verantwortlich zeichnende FIDE-Meister Bernd Feustel versuchen mit diesem Buch, dem am Schach interessierten Laien das königliche Spiel in seinem ganzen Facettenreichtum nahezubringen. Es wurde dabei eine Synthese angestrebt zwischen Lehr- und Übungsbuch, zwischen informativer und unterhaltsamer Tendenz. Dabei werden dem beginnenden Schachjünger behutsam auch die Begriffe aus Caissas Reich nahe gebracht und erläutert, denen er später auf Schritt und Tritt begegnet.

J. Awerbach
A. Kotow
M. Judowitsch
Das Schachbuch für Meister von Morgen
Ein Lehr- und Trainingswerk - nicht nur für den Nachwuchs
228 Seiten
452 Diagramme
48 Fotos

Das vorliegende Werk ist die Übersetzung eines der erfolgreichsten sowjetischen Schachbücher. Es wurde in der UdSSR als Begleitbuch zu einer Schach-Lehrreihe des Fernsehens konzipiert und kann durch seinen guten didaktischen Aufbau gewiß auch hierzulande zur Ausbildung und Schulung empfohlen werden. Alle drei Partiephasen werden in diesem Buch zusammengefaßt dargeboten. Dabei haben die renommiertesten sowjetischen Schachpädagogen ihr jeweiliges Spezialgebiet behandelt. Das Lehrwerk ist zur systematischen Einführung junger Schachenthusiasten geeignet.

G. Treppner /
R. Seppeur
Schachhandbuch für Fortgeschrittene
Vorwort von Großmeister Dr. Helmut Pfleger
176 Seiten
286 Diagramme
3 Fotos

Die Autoren – zwei namhafte Bundesligaspieler – behandeln mit großem pädagogischen Geschick sämtliche Partiephasen des Schachspiels (Mittelspiel, Eröffnung und Endspiel) auf der nächsthöheren, an die Lehrbücher des Deutschen Schachbundes anschließenden Stufe. Dabei ist ein Sammel- und Nachschlagewerk über die strategischen, taktischen und theoretischen Grundlagen des modernen Schachs entstanden. Die grundlegenden Erkenntnisse und Aussagen des Buches sind praxisnah durch neue Partiebeispiele illustriert. Als Trainings- und Übungsbuch eignet es sich besonders für starke Amateure.